LEGISLAÇÃO EDUCACIONAL FEDERAL BÁSICA

Obra em conformidade ao NOVO ACORDO da Língua Portuguesa

Dados Internacionais de Catalogação na Publicação (CIP)
(Câmara Brasileira do Livro, SP, Brasil)

Davies, Nicholas
Legislação educacional federal básica / Nicholas Davies. — 2. ed. — São Paulo : Cortez, 2010.

Bibliografia.
ISBN 978-85-249-1584-0

1. Educação - Leis e legislação - Brasil I. Título.

10-04960 CDD-370.2681

Índices para catálogo sistemático:

1. Brasil : Legislação educacional federal básica 370.2681
2. Legislação educacional federal básica : Brasil 370.2681

Nicholas Davies

LEGISLAÇÃO EDUCACIONAL FEDERAL BÁSICA

2ª edição

CORTEZ EDITORA

LEGISLAÇÃO EDUCACIONAL FEDERAL BÁSICA
Nicholas Davies

Capa: Cia. de Desenho
Preparação de originais: Irene Hikishi
Revisão: Maria de Lourdes de Almeida
Composição: Linea Editora Ltda.
Coordenação editorial: Danilo A. Q. Morales

Direitos para esta edição
CORTEZ EDITORA
Rua Monte Alegre, 1074 — Perdizes
05014-001 — São Paulo-SP
Tel.: (11) 3864-0111 Fax: (11) 3864-4290
E-mail: cortez@cortezeditora.com.br
www.cortezeditora.com.br

Impresso no Brasil – setembro de 2010

Sumário

Introdução

O objetivo deste livro é reunir todas as disposições constitucionais federais sobre educação de 1824 a 2009, a legislação educacional federal básica do passado recente (as Leis ns. 4.024/61, 5.540/68 e 5.692/71 e suas alterações e informação sobre sua regulamentação), a LDB mais recente (a Lei n. 9.394) com suas alterações e regulamentações. Ao contrário de muitas compilações de legislação, que tendem a reproduzir apenas a legislação original ou a legislação atualizada sem as disposições originais, esta procura mostrar o texto original e suas alterações ao longo do tempo, o que permite uma visão histórica da legislação. Consideramos esta legislação básica porque ela foi (Constituições anteriores e Leis ns. 4.024, 5.540 e 5.692) e é (a CF de 1988 e a Lei n. 9.394) a normatização principal da educação escolar.

Pretende com isso atenuar o problema, muito comum, da dispersão e desatualização das informações sobre legislação educacional. Não raro estudiosos examinam artigos da Constituição Federal (CF) de 1988 sobre educação sem observar as alterações nela introduzidas pelas várias emendas constitucionais aprovadas desde então. O mesmo acontece com a LDB (Lei n. 9.394), cujas alterações e regulamentações muitas vezes não são levadas em conta pelos que se debruçam sobre a legislação.

Pretende também contribuir para eliminar ou pelo menos diminuir erros factuais encontrados em publicações ou em outros meios (CDs, sítios eletrônicos) que mencionam a legislação educacional. Indicamos a seguir alguns destes equívocos.

O Senado Federal não se mostrou confiável em dois casos. Aliás, em muitos outros casos também, como revelou o noticiário em 2009. Em 2000 lançou um conjunto de três CD-ROMs supostamente contendo toda a legislação brasileira de 1500 a 2000. No entanto, a Lei n. 4.024 (a primeira LDB — Lei de Diretrizes e Bases da Educação Nacional), de 1961, nele reproduzida é a aprovada com os vetos pelo presidente João Goulart em dezembro de 1961, não a promulgada um ano depois, em 14 de dezembro de 1962, quando alguns dos vetos haviam sido derrubados pelo Congresso. O equívoco é reproduzido no próprio sítio do Senado (www.senado.gov.br). Outro exemplo de equívoco é o sítio eletrônico da Presidência da República (www.planalto.gov.br), que reproduz a Lei n. 4.024, sem levar em conta as suas alterações desde então, induzindo o leitor ao equívoco de pensar que a Lei não mudou neste período. Ao contrário do Senado, o sítio da Presidência registra no final do texto da Lei n. 4.024 os vetos presidenciais que foram rejeitados pelo Congresso. Entretanto, pensamos que o seu conteúdo deveria ter sido reincorporado à Lei e não apenas registrado à parte. Também a revista *Documenta*, do extinto Conselho Federal de Educação, cometeu equívocos na publicação da lei e das partes vetadas, porém mantidas pelo Congresso Nacional. O número 12 (março de 1963) não registrou os trechos dos arts. 81, 85, 99, 116 e 117 vetados pelo presidente, porém rejeitados pelo Congresso.

Também não é plenamente confiável o índice temático (de assuntos) sobre as Constituições de 1824 a 1967 editado na forma impressa pelo Senado em 1986 (BRASIL. Senado, 1986b). Alguns exemplos: o verbete "ensino-recursos" refere-se ao art. 35, itens 3º e 4º da CF de 1891, que, no entanto, não mencionam "recursos"; o verbete "impostos: proibição e exceção", por sua vez, não inclui o art. 154 da CF de 1934, que prevê isenção de tributo aos estabelecimentos particulares de educação gratuita primária ou profissional, oficialmente considerados idôneos. Talvez esta pouca confiabilidade da documentação do Senado se deva à pouca confiabilidade técnica e ética de muitos de seus funcionários, que ingressaram nele sem concurso público, conforme revelado pela imprensa durante meses em 2009.

Tampouco é confiável o item dedicado à legislação federal no sítio do INEP (Instituto de Estudos e Pesquisas Educacionais), do MEC. O seu Prolei (Programa de Legislação Integrada), por exemplo, continha em abril de 2009 duas versões da LDB. Uma (em "itens mais pesquisados"), aparentemente de 1998, faz referência apenas à Lei n. 9.475, de 1997, que alterou o art. 33 da LDB. Outra reproduz a mesma LDB e menciona algumas leis que a modificaram, porém omitia, em abril de 2009, uma série de outras leis que alteraram a LDB, como a 10.287, de 20/9/01, 10.328, de 12/12/01, 10.639, de 9/1/03, 11.301, de 10/5/06, 11.330 e 11.331, de 25/7/06, 11.525, de 25/9/07, 11.632, de 27/12/07, 11.684, de 2/6/08, 11.645, de 10/3/08, 11.741, de 16/7/08, 11.769, de 18/8/08.

Equívocos, omissões e inconsistências são muito comuns em textos de intérpretes da legislação. Por exemplo, Elias Motta (1997, p. 162), consultor legislativo do Senado Federal, no seu livro *Direito Educacional e educação no século XXI*, a propósito do art. 150, inciso VI, alínea c) da Constituição Federal de 1988 (isenção de impostos federais, estaduais e municipais para instituições de educação "sem fins lucrativos"), afirma que "Esta isenção de impostos sobre o patrimônio, a renda e os serviços relacionados com as finalidades essenciais das instituições de educação sem fins lucrativos é uma tradição que vem desde a Constituição de 1934 na qual, aliás, era mais ampla". Ora, a Constituição de 1934 (art. 154) apenas isentava "estabelecimentos particulares de educação gratuita primária ou profissional, oficialmente considerados idôneos" e a isenção a que se refere

Motta só começou na Constituição de 1946 e, mesmo assim, com uma formulação diferente, pois os impostos não seriam cobrados de instituições de educação cujas rendas fossem aplicadas integralmente no país para os respectivos fins (art. 31, inciso V, alínea b).

Outro consultor do Senado que comete equívocos é Moaci Alves Carneiro, que na 11ª edição do seu livro sobre LDB, supostamente revista e atualizada até 2004, não leva em conta as alterações na sistemática do salário-educação introduzidas pela Lei n. 10.832, de dezembro de 2003, que prevê a retenção de 10% desta contribuição social pelo FNDE, a destinação de 30% do restante ao governo federal, e os 60%, aos Estados onde foi arrecadado, sendo esta cota estadual dividida entre o governo estadual e as prefeituras de acordo com o número de matrículas no ensino fundamental. O erro de Carneiro foi se basear na sistemática vigente até 2003, que previa a divisão do salário-educação em quota federal (33%) e quota estadual (66%).

Outro equívoco foi confundir as receitas vinculadas à educação (o total de impostos e receitas adicionais), que a LDB pretendeu definir, com os recursos do FUNDEF, não previstos na LDB (Carneiro, 2004, p. 179) e que representam apenas uma parte do total das receitas vinculadas. Esta confusão entre disposições legais sem limite de vigência (a LDB) com disposições constitucionais (EC 14) e/ou legais (Lei n. 9.424, que regulamentou o FUNDEF) com vigência limitada se manifesta também na p. 183, que prevê "aplicação de, pelo menos, 60% dos recursos para manutenção e desenvolvimento do ensino, para a eliminação e desenvolvimento do ensino, para eliminação do analfabetismo e universalização do ensino fundamental" (*sic*). Além de ter uma redação deficiente e não transcrever corretamente a EC 14, segundo a qual os Estados, o DF e os Municípios deveriam aplicar até 2006 pelo menos 60% dos recursos a que se refere o *caput* do art. 212 da CF (ou seja, 60% dos 25% = 15%) na manutenção e ao desenvolvimento do ensino fundamental (a saber, a EC 14 não prevê o uso destes recursos para a eliminação do analfabetismo), a formulação do autor confundiu disposições de vigência provisória (de 1997 a 2006), previstas na EC 14 e na Lei n. 9.424, com disposições de vigência ilimitada (a LDB).

Muitos erros também podem ser encontrados no livro de Arnaldo Niskier (1997, p. 283) sobre a LDB: "A Constituição de 1823, em seu artigo 256, dispunha que: "Haverá no Império escolas primárias em cada vila, ginásios em cada comarca e Universidade nos mais apropriados lugares". Tal Constituição não existiu, mas sim um projeto de constituição elaborado por uma assembleia constituinte, dissolvida pelo imperador, que outorgou outra, em 1824, que não contém artigo com formulação semelhante.

A mesma página contém outro erro, repetido por muitos que se referem à legislação educacional: "Por ocasião da aprovação do Ato Adicional de 1834, o governo central ficaria responsável pela instrução primária e secundária no Município da Corte e ainda pela instrução superior. Às províncias cabia criar e manter estabelecimentos de ensino primário e secundário." Este Ato não estipula tal atribuição às províncias, só dizendo que compete às Assembleias provinciais legislar "sobre instrução pública e estabelecimentos próprios a promovê-la, não compreendendo as faculdades de medicina, os cursos jurídicos, academias atualmente existentes e outros quaisquer estabelecimentos de instrução que, para o futuro, forem criados por lei geral" (parágrafo 2° do art. 10). Ao contrário do que diz Niskier (ex-presidente da Academia Brasileira de Letras, da qual faz parte também o imortal José Sarney), este Ato Adicional também não diz que o governo central ficaria responsável pela instrução primária e secundária no Município da Corte e ainda pela instrução superior.

Na mesma página, indica que o percentual de impostos vinculado à educação foi fixado inicialmente pela CF de 1946, quando o certo é a CF de 1934. A página 284, por sua vez, equivoca-se quando diz que "Os textos da Constituição de 1967 e sua Emenda de 1969 omitiram quaisquer referências à obrigatoriedade de um determinado percentual destinado à educação", uma vez que a alínea f do parágrafo 3º do art. 15 da Emenda Constitucional de 1969 estipula que os municípios sofrerão intervenção se não tiverem aplicado no ensino primário, em cada ano, vinte por cento pelo menos da receita tributária municipal, dispositivo este mantido no art. 59 da Lei n. 5.692. Por fim, na p. 285, erra quando diz que a Emenda Calmon (que restabeleceu a vinculação de impostos para a educação) é de 1982 (o certo é 1983) e que ela fixou a responsabilidade da União em 18% (o certo é 13%; os 18% foram fixados pela CF de 1988).

A propósito do Ato Adicional de 1834, é muito comum os que escrevem sobre legislação educacional atribuírem a ele o que é apenas sua interpretação. Ou seja, confundem o fato legal com a sua interpretação e, o que é mais grave, não informam isso ao leitor, que não tem acesso fácil à lei (e sobretudo uma de 1834!) e, portanto, não tem como conferir se a interpretação está correta. Um exemplo é dado por Newton Sucupira (2001, p. 59), segundo o qual "A apertada centralização de nossa primeira Constituição produziu a reação política do Ato Adicional de 1834 e a garantia da instrução primária gratuita que ela dava aos brasileiros tornou-se dever das províncias." A Undime (União Nacional dos Dirigentes Municipais de Educação), por sua vez, diz que "Em 1834, através de Ato Adicional à Constituição Imperial, é determinado que as escolas públicas primárias e secundárias passassem às províncias do Império ..." (1997, p. 10). O mesmo equívoco é cometido por João Monlevade (1997, p. 29), segundo o qual "O fato educacional significativo que aconteceu em 1834 foi o repasse da responsabilidade de oferecer escolas primárias e secundárias públicas do governo central do Império para as Províncias, por força do Ato Adicional à Constituição". Erro idêntico é cometido por Dermeval Saviani (2001, p. 5), para quem o Ato Adicional de 1834 "colocou o ensino primário sob a jurisdição das províncias, desobrigando o Estado Nacional de cuidar desse nível de ensino", e Oliveira e Teixeira (2001, p. 75), para quem a descentralização do ensino teria sido "consagrada pelo Ato Adicional de 1834".

Outro erro muito comum foi atribuir à Lei n. 5.692, de 1971 (que reformou o ensino de 1º e 2º graus), e mesmo à CF de 1988, dispositivo prevendo a municipalização do então ensino de 1º grau (hoje ensino fundamental), no sentido de sua responsabilização total ou prioritária pelos municípios. Oliveira e Teixeira (2001, p. 76), por exemplo, afirmam que "a municipalização ganhou destaque com a promulgação da Lei n. 5.692/71".

Essa interpretação (que às vezes é mais a vontade do autor do que propriamente uma interpretação) continuou no caso da LDB, da Emenda Constitucional (EC) 14 e da Lei do FUNDEF. Maria Helena Guimarães de Castro, presidente do INEP no governo FHC, constatando a grande transferência de matrículas do ensino fundamental das redes estaduais para as municipais, afirma, na apresentação do Censo Escolar de 2001 (2002, p. 5), que "Essa mudança faz parte do processo de municipalização, previsto na Lei de Diretrizes e Bases da Educação Nacional e motivado pelo FUNDEF". Ora, a LDB não menciona e, portanto, não define a municipalização, tampouco a EC 14, que criou o FUNDEF, e a Lei n. 9.424, que o regulamentou.

Equívoco semelhante foi cometido por Ulysses Semeghini, diretor do Departamento de Acompanhamento do FUNDEF no governo FHC, que alegou que "de acordo com a legislação vigente, compete aos municípios atuar prioritariamente no ensino fundamental e na educação infantil, e aos Estados e Distrito Federal, também no ensino fundamental, **especialmente das últimas quatro séries**, e no ensino médio" (Semeghini, 2001). O trecho por nós grifado não consta de nenhuma legislação e apenas reflete uma opção de política educacional (não prevista na legislação) do então governo federal e de muitos estaduais de transferirem o primeiro segmento do ensino fundamental para as prefeituras e se concentrarem no segundo segmento (as últimas quatro séries).

Equívocos semelhantes sobre a responsabilidade educacional das diferentes esferas de governo (sobretudo estados e municípios) são detectados até mesmo em estudiosos da legislação educacional, como Dermeval Saviani (2001, p. 209), que, na 7ª edição do seu livro sobre a LDB, erra ao informar que "o ensino fundamental é definido como prioridade dos municípios e o ensino médio, prioridade dos Estados", não levando em conta a EC 14 (que, por ser incorporada à CF, é hierarquicamente superior à LDB), segundo a qual os municípios atuarão prioritariamente no ensino fundamental e na educação infantil e os Estados e o Distrito Federal atuarão prioritariamente no ensino fundamental e médio, não definindo que um determinado nível ou modalidade de ensino seja **responsabilidade** de governos municipais ou estaduais. Apenas estabelece que os Municípios atuarão prioritariamente no ensino fundamental e na educação infantil, e os Estados e o Distrito Federal, prioritariamente no ensino fundamental e médio. Quando a EC 14 fixa a atuação prioritária dos Municípios, sua intenção não é impedir que os Estados e mesmo a União atuem no ensino fundamental e na educação infantil, mas sim evitar que prefeituras passem a oferecer o ensino médio e mesmo o superior sem antes terem atendido satisfatoriamente os seus níveis de atuação prioritária. Em outras palavras, as prefeituras, os governos estaduais e o governo federal podem atuar em qualquer nível de ensino, mas as prefeituras devem primeiro atender ao ensino fundamental e à educação infantil e, depois, uma vez satisfeita essa necessidade, podem atuar em qualquer outro nível ulterior (médio e superior). O inciso V do art. 11 da Lei n. 9.394 (LDB) confirma essa interpretação quando estipula que os municípios somente poderão atuar em outros níveis de ensino quando estiverem atendidas plenamente as necessidades de sua área de competência (educação infantil e ensino fundamental) e com recursos acima dos percentuais mínimos vinculados à manutenção e desenvolvimento do ensino. Por fim, há uma questão semântica importantíssima: a EC 14 não afirma que o ensino fundamental e a educação infantil são responsabilidade prioritária dos Municípios, o que permitiria a desobrigação dos governos estaduais com a educação infantil mas não com o ensino fundamental (no qual também os governos estaduais devem atuar juntamente com os Municípios). Ao contrário, a EC afirma que os Municípios atuarão prioritariamente na educação infantil e no ensino fundamental, cujo significado é bem diverso.

O autor também se equivoca ao afirmar (2001, p. 222) que "A lei que cria esse "Fundo" [o FUNDEF] teve o inegável mérito de chamar os municípios ao cumprimento de suas responsabilidades constitucionais no tocante ao ensino fundamental." A formulação equivoca-se porque (1) não foi a Lei (a 9.424) mas sim a EC 14 que definiu a atuação prioritária dos Estados e Municípios e (2) a prioridade da atuação municipal no ensino fundamental já estava prevista na CF de 1988 (art. 211, § 2º), ou seja, bem antes da EC 14. O autor tampouco comenta a alteração (que trata do ensino religioso) introduzida no art. 33 da LDB pela Lei n. 9.475, de 1997, nem incorpora esta alteração no texto da LDB, embora o autor demonstre conhecimento da alteração no prefácio da 7ª edição.

Outros equívocos do autor também são cometidos na 3ª edição (revista) do seu livro *Da Nova LDB ao Novo Plano Nacional de Educação*: Por uma Outra Política Educacional (2000, p. 35). Informa, por exemplo, que o FUNDEF seria constituído pelos recursos previstos no *caput* do art. 60 do ADCT conforme alterado pela EC 14. Ora, os recursos deste *caput* corresponderam a 15% de **todos** os impostos, ao passo que o FUNDEF compreendia apenas 15% de alguns impostos (ICMS, FPM, FPE, IPI-exportação e a compensação financeira prevista na Lei Complementar n. 87/96) e a complementação federal e o rendimento financeiro com a receita do FUNDEF.

Outro equívoco é cometido na descrição da composição dos recursos do FUNDEF (2000, p. 38), que não menciona esta compensação financeira, a complementação federal e refere-se ao IPI, quando o certo é IPI-exportação. Por fim, Saviani erra quando diz que, se os Estados e Municípios não operarem de acordo com o mecanismo previsto no FUNDEF, perderão aqueles 60%, isto é, 15% dos impostos. (2000, p. 36). Em primeiro lugar, o autor confunde os recursos do FUNDEF (que constituem apenas uma parte dos 15%) com todos os 15% vinculados ao ensino fundamental. Em segundo lugar, os Estados e Municípios só perderiam a totalidade de sua contribuição para o FUNDEF se não tivessem nenhuma matrícula no ensino fundamental, o que era e é incomum. Em terceiro, o mecanismo do FUNDEF não resulta automaticamente em perda, uma vez que depende da contribuição dos governos para o FUNDEF e de sua receita, definida pelo número de matrículas no ensino fundamental regular.

Vários equívocos podem ser encontrados também no livro de Carlos Jamil Cury, que escreve muito sobre legislação educacional e já integrou o Conselho Nacional de Educação. No capítulo sobre recursos de seu livro *Legislação educacional brasileira* (2000, p. 40), por exemplo, ao tratar das disposições da EC 14, que subvinculou 15% de todos os impostos dos Estados, Distrito Federal e Municípios para o ensino fundamental de 1997 a 2006 e criou o FUNDEF, o autor diz que "Do percentual subvinculado de 15% [para o ensino fundamental], 60% desse devem ser destinados exclusivamente para o salário de professores." Ora, os 60% são calculados apenas com base no FUNDEF (que compreendem só uma parte dos impostos), e não nos 15% subvinculados ao ensino fundamental, que abrangem impostos não integrantes do FUNDEF, como o IPTU, ISS, ITBI,

ITR, IR dos servidores, IPVA. Além disso, a expressão correta é pelo menos 60%, e não apenas 60%.

Outro equívoco é cometido na p. 41, quando Cury afirma que o Estado ou município que não atingir [o valor do custo-aluno-ano] "recebe do governo federal a nivelação complementar com recursos saídos de até 30% do equivalente ao total constitucionalmente vinculado à União". Nem a EC 14, nem a Lei n. 9.424 preveem isso. A EC 14 determina apenas que o governo federal aplique o equivalente a pelo menos 30% dos 18% dos impostos federais na manutenção do ensino fundamental e na erradicação do analfabetismo de 1997 até 2006, sendo que a complementação integra estes 30%.

Ao examinar os 40% do FUNDEF não vinculados à remuneração do professor, Cury se equivoca ao afirmar que eles vão para as escolas que "se tornarão corresponsáveis pelo dinheiro que lhes virá da parte que lhes couber daqueles 40% aplicáveis no ensino fundamental" (2000, p. 42). Ora, os 40% (assim como todos os recursos da educação) não vão para as escolas mas sim para as secretarias de fazenda ou finanças, sobre as quais as secretarias de educação e muito menos as escolas não têm qualquer poder. Por fim, na reprodução da Lei n. 9.394 Cury não esclarece que o art. 33 não é o original, de dezembro de 1996, mas sim o alterado pela Lei n. 9.475, de 1997.

Romualdo Portela, prof. da Faculdade de Educação da USP, São Paulo, também cometeu vários equívocos sobre a legislação educacional. Na 3ª edição de seu livro, de 2007, informa (p. 87) que o salário-educação é devido pelas empresas à educação fundamental, podendo ser destinada à educação de seus funcionários e aos filhos destes ou ser recolhida aos cofres públicos. O primeiro equívoco é não considerar que, desde a EC 14, de 1996, o salário-educação não podia mais ser destinado à educação dos funcionários e filhos que ingressassem no ensino fundamental a partir de 1997. Ao contrário, devia ser integralmente recolhido aos cofres públicos. Outro equívoco é não levar em conta as disposições da EC 53 (que criou o FUNDEB), de 2006, que destina o salário-educação à educação básica a partir de 2007, não mais apenas ao ensino fundamental. Um terceiro equívoco (p. 88) é dizer que a quota federal do salário-educação corresponde a 40% do total, quando na verdade equivale a 30%, sendo 60% relativos às quotas estaduais e municipais e 10% retidos no FNDE. Um quarto equívoco é dizer que os 40% "são aplicados em Estados e municípios com maiores defasagens educacionais", quando não há nenhum estudo demonstrando isso. A única determinação legal (art. 9º do Decreto n. 6.003, de 2006) é que a quota federal (30%) financie "programas e projetos voltados para a universalização da educação básica, de forma a propiciar a redução dos desníveis sócio-educacionais existentes entre Municípios, Estados, Distrito Federal e regiões brasileiras", o que não significa que isso tenha sido ou venha sendo cumprido, uma vez que ela tem sido usada para financiar a merenda, o livro didático e outros programas que não são voltados para reduzir tais desníveis. De qualquer maneira, o termo "defasagens" é vago e impreciso. Um quinto equívoco encontra-se na p. 112, segundo a qual a quota estadual deve ser dividida entre estado e município proporcionalmente à matrícula no ensino fundamental regular, quando o correto, pelo menos até o final de 2006, é ensino fundamental, que inclui o regular e o supletivo (ou EJA). Desde 2007, em consequência da EC 53 (do FUNDEB), a quota estadual passou a ser repartida entre o governo estadual e as prefeituras com base no número de matrículas na educação básica das redes estadual e municipais.

Equívocos podem ser encontrados em vários outros trechos do texto. A p. 83, por exemplo, diz que o art. 60 do ADCT (Ato das Disposições Constitucionais Transitórias) prevê o "comprometimento financeiro das diferentes esferas da administração pública com a universalização do ensino fundamental e a erradicação do analfabetismo." Ora, este artigo só previa isso de 1988 até 1996, após o que, com a EC 14, um percentual dos impostos

(15%) dos Estados, DF e municípios passou a ser vinculado **apenas ao ensino fundamental** até 2006. Somente a União continuou sendo obrigada a aplicar pelo menos o equivalente a 30% dos 18% dos impostos na erradicação do analfabetismo e na manutenção e desenvolvimento do ensino fundamental. Esta subvinculação foi extinta a partir de 2007, quando entrou em vigor o FUNDEB.

Outra falha é a descrição das transferências de impostos (p. 86). Segundo o item b), haveria transferência da "União e dos Estados aos municípios, compostos por 22,5% do IR e do IPI, constituindo o FPM; por 50% do ITR dos imóveis nele situados; por 50% do IPVA dos veículos lá licenciados; por 25% do ICMS e pelo IR devido por suas autarquias e fundações municipais." O trecho é confuso, misturando transferências federais e estaduais. A formulação correta seria identificar primeiro as transferências federais aos municípios, representadas por 22,5% do IR e do IPI, constituindo o FPM, por 50% do ITR dos imóveis **territoriais rurais** neles situados. Em seguida, as transferências estaduais aos municípios, representadas por 25% do ICMS, 50% do IPVA e por **2,5% do IPI-exportação**. Além disso, cabe lembrar que, segundo a Secretaria do Tesouro Nacional em seus vários manuais para a elaboração do relatório resumido da execução orçamentária (ver, por exemplo, BRASIL. MF. STN, 2008), o IR dos servidores estaduais e municipais não é contabilizado como transferência federal, mas como receita própria de cada governo.

Por fim, outro equívoco (p. 92) é informar que o Decreto-Lei n. 4.958, de 1942, teria instituído a vinculação crescente de impostos de Estados e municípios. Ora, tal decreto não prevê isso, mas apenas a criação do Fundo do Ensino Primário, sem estipular percentuais ou mesmo a vinculação.

Omissões de artigos relativos à educação constantes de outras seções da CF que não a da educação são outras falhas comuns dos que publicam estudos sobre a legislação. Por exemplo, Monlevade (1997), que escreveu mais de um livro sobre financiamento da educação, não menciona a Emenda Constitucional de Revisão 1, de 1994, e a Emenda Constitucional 10, de 1996, que desvincularam recursos da educação, tampouco a EC 11, e vários artigos da CF relativos à educação, limitando-se à seção dedicada à educação e ao art. 60 (conforme modificado pela EC 14) do Ato das Disposições Constitucionais Transitórias. Motta (1997), embora mencione muitos artigos da CF não analisados por Monlevade, não inclui a EC de Revisão 1 e a EC 10, ambas as quais desvinculam recursos da educação.

Omissões semelhantes podem ser encontradas no livro de Sério et alii (2001), que se limita à seção da educação na CF de 88 (artigos 205 a 214) e não menciona outros artigos da CF, emendas constitucionais e medidas provisórias relativas à educação. O livro de Dutra (2003), embora restrito à LDB e legislação ordinária (leis, decretos, resoluções e pareceres do CNE), omite as medidas provisórias referentes à educação, muitas das quais tiveram vigência por muitos meses e até anos.

O livro *Educação nas Constituintes Brasileiras* (Fávero, 2001) também é omisso, pois não reproduz, por exemplo, o Ato Adicional de 1834, emendas à CF de 1946, 1967 e de 1988, assim como vários artigos da CF de 1988 não pertencentes ao capítulo da educação.

Omissões importantes também foram detectadas no inventário da legislação educacional organizado por Sofia Lerche Vieira e editado pelo Inep em 2008 (Vieira), como as emendas constitucionais 18, de 1°/12/1966, 20, de 25/5/1966, 12, de 17/10/1978, 24, de 1/12/1983. O mais grave foi a não inclusão da EC 1, de 1969, que modificou muitos artigos de educação da Constituição de 1967. Tampouco foram incluídas as seguintes emendas que alteraram artigos da Constituição Federal de 1988: a EC de Revisão 1, de 1/3/94, a EC 10, de 4/3/96, a EC 11, de 30/4/96, a EC 17, de 22/11/97, a EC 19, de 4/6/98, a EC 20, de 15/12/98, a EC 26, de 14/2/00, a EC 27, de 21/2/00, a EC 29, de 13/9/00, a EC 42, de 19/12/03. Outra omissão foram artigos sobre educação constantes de outras seções da CF, como os artigos 35, 37 (inciso XVI), 40, 150), assim como das Disposições Constitucionais Gerais.

Além das omissões, o inventário se equivocou ao inserir no art. 60 do Ato das Disposições Constitucionais Transitórias da CF de 1988 as modificações introduzidas pela EC 14, de 1996. Na descrição das leis do FUNDEF e do FUNDEB (pp. 137, 138 e 139), omitiu-se a complementação federal e a vinculação de pelo menos 60% dos fundos para a remuneração dos profissionais do magistério. Na descrição do FUNDEB, o texto errou ao dizer que os recursos são redistribuídos, aos Estados e seus Municípios, proporcionalmente ao número de matrículas na educação **básica** pública presencial, quando na verdade são dois os critérios: (1) número de matrículas nos níveis de atuação constitucional prioritária dos Estados (ensino fundamental e ensino médio) e Municípios (educação infantil e ensino fundamental), (2) peso atribuído a cada matrícula na educação básica. Por exemplo, 2 matrículas no ensino médio equivaliam em 2007 a 3 matrículas nas creches.

O livro compõe-se de cinco capítulos sobre legislação, com informações sobre suas alterações e regulamentação. O primeiro informa todas as referências à educação nas Constituições brasileiras e suas emendas, desde 1824 até a mais recente. O segundo transcreve a primeira Lei de Diretrizes e Bases da Educação Nacional, a Lei n. 4.024, de dezembro de 1961. Neste caso, registramos a íntegra dos vetos presidenciais ao projeto aprovado pelo Congresso, bem como os vetos rejeitados pelo Congresso e que resultaram numa nova lei, sancionada em 14 de dezembro de 1962, porque pensamos ser fundamental conhecer não só a versão final da lei, mas também as disposições que foram motivo de veto. O terceiro capítulo reproduz a Lei n. 5.540, de novembro de 1968, de reforma do ensino superior. O quarto contém a Lei n. 5.692, de agosto de 1971, de reforma do ensino de 1º e 2º graus. O quinto contém a LDB mais recente, a Lei n. 9.394, de dezembro de 1996, com suas alterações e regulamentações atualizadas até junho de 2010. Vale lembrar que as alterações efetuadas na legislação original estão assinaladas em negrito. Ao contrário do que fazem as compilações de legislação, que não transcrevem os artigos revogados, mas apenas os em vigor, procuramos reproduzir os artigos originais seguidos das suas modificações, porque pensamos ser fundamental para o leitor e o estudioso conhecer a legislação original, quando modificada.

Capítulo 1

A educação nas Constituições Federais e em suas Emendas de 1824 a 2010*

1 — Constituição do Império (de 25/3/1824)

Título VIII (Das Disposições Gerais e Garantias dos Direitos Civis e Políticos dos Cidadãos Brasileiros)

Art. 179. A inviolabilidade dos direitos civis e políticos dos cidadãos brasileiros, que tem por base a liberdade, a segurança individual e a propriedade, é garantida pela Constituição do Império, pela maneira seguinte:

(...) 32) — A instrução primária é gratuita a todos os cidadãos.

33) Colégios e universidades, onde serão ensinados os elementos das ciências, belas-artes e letras

2 — Lei n. 16, de 12/8/1834 (Ato Adicional) — Alterações e adições à Constituição de 1824.

---

* As informações relativas às Constituições de 1824 a 1967 e suas alterações até 1985 foram extraídas do v. 1 de *Constituições do Brasil*, editado pela Subsecretaria de Edições Técnicas do Senado Federal, 1986, e/ou do CD-ROM sobre legislação federal editado pelo Senado em 2000. A Constituição Federal de 1988 e suas alterações foram obtidas no sítio da Presidência da República (www.planalto.gov.br). As emendas constitucionais (ECs) são indicadas em negrito e dentro de caixa.

Art. 10. Compete às mesmas Assembleias [provinciais] legislar:

2º) — Sobre instrução pública e estabelecimentos próprios a promovê-la, não compreendendo as faculdades de medicina, os cursos jurídicos, academias atualmente existentes e outros quaisquer estabelecimentos de instrução que, para o futuro, forem criados por lei geral.

7º) (...) São empregos municipais e provinciais todos os que existirem nos Municípios e Províncias, à exceção dos (...) empregados das faculdades de medicina, cursos jurídicos e academias, em conformidade da doutrina do § 2º deste artigo.

3 — Constituição de 1891 (24/02/1891)

Capítulo IV — Das Atribuições do Congresso

Art. 34. Compete privativamente ao Congresso Nacional:

(...) 30) legislar sobre a organização municipal do Distrito Federal, bem como sobre a polícia, o ensino superior e os demais serviços que na Capital forem reservados para o Governo da União.

Art. 35. Incumbe, outrossim, ao Congresso, mas não privativamente:

2º) animar, no País, o desenvolvimento das letras, artes e ciências, bem como a imigração, a agricultura, a indústria e comércio, sem privilégios que tolham a ação dos Governos locais;

3º) criar instituições de ensino superior e secundário nos Estados;

4º) prover a instrução secundária no Distrito Federal.

Título IV — Dos Cidadãos Brasileiros

Art. 70. § 1º — Não podem alistar-se eleitores para as eleições federais ou para as dos Estados:

2º) os analfabetos.

Seção II — Declaração de Direitos

Art. 72. § 6º — Será leigo o ensino ministrado nos estabelecimentos públicos.

4 — Constituição de 1934 (16/07/1934)

Art. 5º Compete privativamente à União:

XIV — traçar as diretrizes da educação nacional.

Art. 10º Compete concorrentemente à União e aos Estados:

VI — difundir a instrução pública em todos os seus graus.

Art. 108. Parágrafo único — Não se podem alistar eleitores:

a) os que não saibam ler e escrever.

Dos Direitos e das Garantias Individuais

Art. 113. A Constituição assegura a brasileiros e estrangeiros residentes no País a inviolabilidade dos direitos concernentes à liberdade, à subsistência, à segurança individual e à propriedade, nos termos seguintes:

36) Nenhum imposto gravará diretamente a profissão de escritor, jornalista ou professor.

Título IV — Da Ordem Econômica e Social

Art. 139. Toda empresa industrial ou agrícola, fora dos centros escolares, e onde trabalharem mais de cinquenta pessoas, perfazendo estas e os seus filhos, pelo menos, dez analfabetos, será obrigada a lhes proporcionar ensino primário gratuito.

Título V — Da Família, da Educação e da Cultura

Capítulo II — Da Educação e da Cultura

Art. 148. Cabe à União, aos Estados e aos Municípios favorecer e animar o desenvolvimento das ciências, das artes, das letras e da cultura em geral, proteger os objetos de interesse histórico e o patrimônio artístico do País, bem como prestar assistência ao trabalhador intelectual.

Art. 149. A educação é direito de todos e deve ser ministrada pela família e pelos Poderes Públicos, cumprindo a estes proporcioná-la a brasileiros e a estrangeiros domiciliados no País, de modo que possibilite eficientes fatores da vida moral e econômica da Nação, e desenvolva num espírito brasileiro a consciência da solidariedade humana.

Art. 150. Compete à União:

a) fixar o plano nacional de educação, compreensivo do ensino de todos os graus e ramos, comuns e especializados; e coordenar e fiscalizar a sua execução em todo o território do País;

b) determinar as condições de reconhecimento oficial dos estabelecimentos de ensino secundário e complementar deste e dos institutos de ensino superior, exercendo sobre eles a necessária fiscalização;

c) organizar e manter, nos Territórios, sistemas educativos apropriados aos mesmos;

d) manter no Distrito Federal ensino secundário e complementar deste, superior e universitário;

e) exercer ação supletiva onde se faça necessária por deficiência de iniciativa ou de recursos e estimular a obra educativa em todo o País, por meio de estudos, inquéritos, demonstrações e subvenções.

Parágrafo único — O plano nacional de educação constante da lei federal nos termos dos arts. 5º, n. XIV, e 39, n. 8, letras "a" e "e", só se poderá renovar em prazos determinados, e obedecerá às seguintes normas:

a) ensino primário integral gratuito e de frequência obrigatória extensivo aos adultos;

b) tendência à gratuidade do ensino educativo ulterior ao primário, a fim de o tornar mais acessível;

c) liberdade de ensino em todos os graus e ramos, observadas as prescrições da legislação federal e da estadual;

d) ensino, nos estabelecimentos particulares, ministrado no idioma pátrio, salvo o de línguas estrangeiras;

e) limitação da matrícula à capacidade didática do estabelecimento e seleção por meio de provas de inteligência e aproveitamento, ou por processos objetivos apropriados à finalidade do curso;

f) reconhecimento dos estabelecimentos particulares de ensino somente quando assegurarem a seus professores a estabilidade, enquanto bem servirem, e uma remuneração condigna.

Art. 151. Compete aos Estados e ao Distrito Federal organizar e manter sistemas educativos nos territórios respectivos, respeitadas as diretrizes estabelecidas pela União.

Art. 152. Compete precipuamente ao Conselho Nacional de Educação, organizado na forma da lei, elaborar o plano nacional de educação para ser aprovado pelo Poder Legislativo e sugerir ao Governo as medidas que julgar necessárias para a melhor solução dos problemas educativos bem como a distribuição adequada dos fundos especiais.

Parágrafo único — Os Estados e o Distrito Federal, na forma das leis respectivas e para o exercício da sua competência na matéria, estabelecerão Conselhos de Educação com funções similares às do Conselho Nacional de Educação e departamentos autônomos de administração do ensino.

Art. 153. O ensino religioso será de frequência facultativa e ministrado de acordo com os princípios da confissão religiosa do aluno manifestada pelos pais ou responsáveis e constituirá matérias dos horários nas escolas públicas primárias, secundárias, profissionais e normais.

Art. 154. Os estabelecimentos particulares de educação gratuita primária ou profissional, oficialmente considerados idôneos, serão isentos de qualquer tributo.

Art. 155. É garantida a liberdade de cátedra.

Art. 156. A União e os Municípios aplicarão nunca menos de dez por cento, e os Estados e o Distrito Federal nunca menos de vinte por cento, da renda resultante dos impostos na manutenção e no desenvolvimento dos sistemas educativos.

Parágrafo único — Para a realização do ensino nas zonas rurais, a União reservará, no mínimo, vinte por cento das cotas destinadas à educação no respectivo orçamento anual.

Art. 157. A União, os Estados e o Distrito Federal reservarão uma parte dos seus patrimônios territoriais para a formação dos respectivos fundos de educação.

§ 1º — As sobras das dotações orçamentárias, acrescidas das doações, percentagens sobre o produto de vendas de terras públicas, taxas especiais e outros recursos financeiros, constituirão, na União, nos Estados, e nos Municípios, esses fundos especiais, que serão aplicados exclusivamente em obras educativas, determinadas em lei.

§ 2º — Parte dos mesmos fundos se aplicará em auxílios a alunos necessitados, mediante fornecimento gratuito de material escolar, bolsas de estudo, assistência alimentar, dentária e médica, e para vilegiaturas.

Art. 158. É vedada a dispensa de concurso de títulos e provas no provimento dos cargos do magistério oficial, bem como, em qualquer curso, a de provas escolares de habilitação, determinadas em lei ou regulamento.

§ 1º — Podem, todavia, ser contratados, por tempo certo, professores de nomeada, nacionais ou estrangeiros.

§ 2º — Aos professores nomeados por concurso para os institutos oficiais, cabem as garantias de vitaliciedade e de inamovibilidade nos cargos, sem prejuízo do disposto no Título VII. Em casos de extinção da cadeira, será o professor aproveitado na regência de outra em que se mostre habilitado.

Título VII — Dos funcionários públicos

Art. 172. É vedada a acumulação de cargos públicos remunerados da União, dos Estados e dos Municípios.

§ 1º — Excetuam-se os cargos do magistério e técnico-científicos, que poderão ser exercidos cumulativamente, ainda que por funcionário administrativo, desde que haja compatibilidade dos horários de serviço.

Disposições transitórias

Art. 20. Os professores dos institutos oficiais de ensino superior, destituídos dos seus cargos desde outubro de 1930, terão garantidas a inamovibilidade, a vitaliciedade e a irredutibilidade dos vencimentos.

5 — Constituição de 1937 (de 10/11/1937)

Art. 15. Compete privativamente à União:

IX — fixar as bases e determinar os quadros da educação nacional, traçando as diretrizes a que deve obedecer a formação física, intelectual e moral da infância e da juventude.

Art. 16. Compete privativamente à União o poder de legislar sobre as seguintes matérias:

XXIV — diretrizes de educação nacional

Art. 117. Parágrafo único — Não podem alistar-se eleitores:

a) os analfabetos.

Da Família

Art. 125. A educação integral da prole é o primeiro dever e o direito natural dos pais. O Estado não será estranho a esse dever, colaborando, de maneira principal ou subsidiária, para facilitar a sua execução ou suprir as deficiências e lacunas da educação particular.

Art. 127. (...) O abandono moral, intelectual ou físico da infância e da juventude importará falta grave dos responsáveis por sua guarda e educação, e cria ao Estado o dever de provê-las do conforto e dos cuidados indispensáveis à preservação física e moral.

Aos pais miseráveis assiste o direito de invocar o auxílio e proteção do Estado para a subsistência e educação de sua prole.

Da Educação e da Cultura

Art. 128. A arte, a ciência e o ensino são livres à iniciativa individual e à de associações ou pessoas coletivas públicas e particulares.

É dever do Estado contribuir, direta e indiretamente, para o estímulo e desenvolvimento de umas e de outro, favorecendo ou fundando instituições artísticas, científicas e de ensino.

Art. 129. À infância e à juventude, a que faltarem os recursos necessários à educação em instituições particulares, é dever da Nação, dos Estados e dos Municípios assegurar, pela fundação de instituições públicas de ensino em todos os seus graus, a possibilidade de receber uma educação adequada às suas faculdades, aptidões e tendências vocacionais.

O ensino pré-vocacional e profissional destinado às classes menos favorecidas é em matéria de educação o primeiro dever do Estado. Cumpre-lhe dar execução a esse dever, fundando institutos de ensino profissional e subsidiando os de iniciativa dos Estados, dos Municípios e dos indivíduos ou associações particulares e profissionais.

É dever das indústrias e dos sindicatos econômicos criar, na esfera da sua especialidade, escolas de aprendizes, destinadas aos filhos de seus operários ou de seus associados. A lei regulará o cumprimento desse dever e os poderes que caberão ao Estado sobre essas escolas, bem como os auxílios, facilidades e subsídios a lhes serem concedidos pelo Poder Público.

Art. 130. O ensino primário é obrigatório e gratuito. A gratuidade, porém, não exclui o dever de solidariedade dos menos para com os mais necessitados; assim, por ocasião da matrícula, será exigida aos que não alegarem, ou notoriamente não puderem alegar escassez de recursos, uma contribuição módica e mensal para a caixa escolar.

Art. 131. A educação física, o ensino cívico e o de trabalhos manuais serão obrigatórios em todas as escolas primárias, normais e secundárias, não podendo nenhuma escola de qualquer desses graus ser autorizada ou reconhecida sem que satisfaça aquela exigência.

Art. 132. O Estado fundará instituições ou dará o seu auxílio e proteção às fundadas por associações civis, tendo umas e outras por fim organizar para a juventude períodos de trabalho anual nos campos e oficinas, assim como promover-lhe a disciplina moral e o adestramento físico, de maneira a prepará-la ao cumprimento dos seus deveres para com a economia e a defesa da Nação.

Art. 133. O ensino religioso poderá ser contemplado como matéria de curso ordinário das escolas primárias, normais e secundárias. Não poderá, porém, constituir objeto de obrigação dos mestres ou professores, nem de frequência compulsória por parte dos alunos.

6 — Decreto-Lei n. 1.202, de 8/4/1939 (também chamado de "Ato Adicional à Constituição de 1937", o decreto dispõe sobre a administração dos Estados e Municípios).

Art. 32. Terão a sua vigência condicionada à aprovação do Presidente da República os decretos-leis [de Estados e Municípios] que dispuserem, no todo ou em parte, sobre:

VII — escolas de grau secundário e superior, e regulamentação, no todo ou em parte, do ensino de qualquer grau.

> **VII — escolas de grau secundário, normal, profissional e superior, e regulamentação, no todo ou em parte do ensino de qualquer grau.** (Alterado pelo Decreto-Lei n. 5.511, de 21/5/43)

Art. 33. É vedado ao Estado e ao Município:

8º) impor, ao exercício das artes e das ciências e ao seu ensino, restrições que não estejam expressas na lei federal;

9º) incorporar à receita as contribuições prestadas pelos alunos das escolas de ensino primário, na forma do art. 130 da Constituição.

Art. 53. Parágrafo único. Todas as escolas, públicas ou particulares, são obrigadas a possuir, em lugar de honra, a bandeira nacional, e prestar-lhe homenagem nos dias de festa oficial (...).

7 — Constituição de 1946 (de 18/09/1946)

Art. 5º Compete à União:

(...) XV — legislar sobre:

(...) d) diretrizes e bases da educação nacional.

Art. 6º A competência federal para legislar sobre as matérias do art. 5º, n. XV, letras (...) d, não exclui a legislação estadual supletiva ou complementar.

Art. 31. À União, aos Estados, ao Distrito Federal e aos Municípios é vedado:

V — lançar impostos sobre:

b) templos de qualquer culto, bens e serviços de Partidos Políticos, instituições de educação e de assistência social, desde que as suas rendas sejam aplicadas integralmente no País para os respectivos fins.

Art. 31. É vedado à União, aos Estados, ao Distrito Federal e aos Municípios:

IV — Cobrar impostos sobre:

c) o patrimônio, a renda ou serviços de Partidos Políticos e de instituições de educação ou de assistência social, observados os requisitos fixados em lei complementar. (Alterado pela EC 18, de 1/12/65).

Art. 132. Não podem alistar-se eleitores:

I — os analfabetos.

Capítulo II — Da Educação e da Cultura

Art. 166. A educação é direito de todos e será dada no lar e na escola. Deve inspirar-se nos princípios de liberdade e nos ideais de solidariedade humana.

Art. 167. O ensino dos diferentes ramos será ministrado pelos Poderes Públicos e é livre à iniciativa particular, respeitadas as leis que o regulem.

Art. 168. A legislação do ensino adotará os seguintes princípios:

I — o ensino primário é obrigatório e só será dado na língua nacional;

II — o ensino primário oficial é gratuito para todos; o ensino oficial ulterior ao primário sê-lo-á para quantos provarem falta ou insuficiência de recursos;

III — as empresas industriais, comerciais e agrícolas em que trabalhem mais de cem pessoas, são obrigadas a manter ensino primário gratuito para os seus servidores e os filhos destes;

IV — as empresas industriais e comerciais são obrigadas a ministrar, em cooperação, aprendizagem aos seus trabalhadores menores, pela forma que a lei estabelecer, respeitados os direitos dos professores;

V — o ensino religioso constitui disciplina dos horários das escolas oficiais, é de matrícula facultativa e será ministrado de acordo com a confissão religiosa do aluno, manifestada por ele, se for capaz, ou pelo seu representante legal ou responsável;

VI — para o provimento das cátedras, no ensino secundário oficial e no superior oficial ou livre, exigir-se-á concurso de títulos e provas. Aos professores admitidos por concurso de títulos e provas, será assegurada a vitaliciedade.

VII — é garantida a liberdade de cátedra.

Art. 169. Anualmente, a União aplicará nunca menos de dez por cento, e os Estados, o Distrito Federal e os Municípios, nunca menos de vinte por cento da renda resultante dos impostos na manutenção e desenvolvimento do ensino.

Art. 170. A União organizará o sistema federal de ensino e o dos Territórios.

Parágrafo único — O sistema federal de ensino terá caráter supletivo, estendendo-se a todo o País nos estritos limites das deficiências locais.

Art. 171. Os Estados e o Distrito Federal organizarão os seus sistemas de ensino.

Parágrafo único — Para o desenvolvimento desses sistemas, a União cooperará com auxílio pecuniário, o qual, em relação ao ensino primário, provirá do respectivo Fundo Nacional.

Art. 172. Cada sistema de ensino terá obrigatoriamente serviços de assistência educacional que assegurem aos alunos necessitados condições de eficiência escolar.

Art. 173. As ciências, as letras e as artes são livres.

Art. 174. O amparo à cultura é dever do Estado.

Parágrafo único — A lei promoverá a criação de institutos de pesquisa, de preferência junto aos estabelecimentos de ensino superior.

Título VIII — Dos Funcionários Públicos

Art. 185. É vedada a acumulação de quaisquer cargos, exceto a prevista no art. 96, n. 1, e a de dois cargos de magistério ou a de um destes com outro técnico ou científico, contanto que haja correlação de matérias e compatibilidade de horário.

Art. 185. É vedada a acumulação de cargos, no Serviço Público federal, estadual, municipal ou dos Territórios e Distrito Federal, bem como em entidades autárquicas, parestatais ou sociedade de economia mista, exceto a prevista no art. 96, n° I, a de dois cargos de magistério, ou a de um destes com outro técnico ou científico ou, ainda, a de dois destinados a médicos, contanto que haja correlação de matérias e compatibilidade de horário. (Alterado pela EC 20, de 25/5/66)

Art. 187. São vitalícios somente os magistrados, os Ministros do Tribunal de Contas, os titulares de Ofício de Justiça e os professores catedráticos.

Disposições gerais

Art. 203. Nenhum imposto gravará diretamente os direitos de autor, nem a remuneração de professores e jornalistas.

8 — Constituição de 1967 (de 24/1/1967). As alterações foram, em sua maioria, introduzidas pela Emenda Constitucional 1, de 17/10/69; e outras pela EC 12, de 17/10/78, EC 18, de 30/6/81, EC 24, de 1/12/83, e EC 25, de 15/5/85, todas assinaladas em negrito)

Art. 8º Compete à União: (...)

XIV — estabelecer planos nacionais de educação e de saúde.

> **XIV — estabelecer e executar planos nacionais de educação e de saúde, bem como planos regionais de desenvolvimento.** (Alterado pela EC 1)

XVII — legislar sobre: (...)

q) diretrizes e bases da educação nacional;

§ 2º — A competência da União não exclui a dos Estados para legislar supletivamente sobre as matérias das letras (...) "q" do item XVII, respeitada a lei federal.

> **Capítulo III — Dos Estados e Municípios**
>
> **Art. 15, § 3º — A intervenção nos Municípios será regulada na Constituição do Estado, somente podendo ocorrer quando:**
>
> **f) não tiver havido aplicação, no ensino primário, em cada ano, de vinte por cento, pelo menos, da receita tributária municipal.** (Acrescentado pela EC 1)

Art. 20. É vedado à União, aos Estados, ao Distrito Federal e aos Municípios:

III — criar imposto sobre:

c) o patrimônio, a renda ou os serviços de Partidos Políticos e de instituições de educação ou de assistência social, observados os requisitos fixados em lei.

Capítulo VII — Seção VII — Dos Funcionários Públicos

Art. 97. É vedada a acumulação remunerada, exceto:

Art. 99. É vedada a acumulação remunerada de cargos e funções públicas, exceto: (alterado pela EC 1)

I — a de Juiz e um cargo de Professor;

II — a de dois cargos de Professor;

III — a de um cargo de Professor com outro técnico ou científico; (...)

§ 1º — Em qualquer dos casos, a acumulação somente é permitida quando haja correlação de matérias e compatibilidade de horários.

§ 1º — Em qualquer dos casos, a acumulação somente será permitida quando houver correlação de matérias e compatibilidade de horários. (alterado pela EC 1)

§ 2º — A proibição de acumular se estende a cargos, funções ou empregos em autarquias, empresas públicas e sociedades de economia mista.

§ 3º — A proibição de acumular proventos não se aplica aos aposentados, quanto ao exercício de mandato eletivo, cargo em comissão ou ao contrato para prestação de serviços técnicos ou especializados.

§ 4º — A proibição de acumular proventos não se aplica aos aposentados, quanto ao exercício de mandato eletivo, quanto ao de um cargo em comissão ou quanto a contrato

para prestação de serviços técnicos ou especializados. (Alterado pela EC 1)

Art. 142, § 3º — Não podem alistar eleitores:

a) os analfabetos.

Art. 147, § 3° — Não poderão alistar-se eleitores:

a) os analfabetos. (Alterado pela EC 1)

Art. 147, § 4° — A lei disporá sobre a forma pela qual possam os analfabetos alistar-se eleitores e exercer o direito de voto.

Art. 150 - São inelegíveis os inalistáveis e os analfabetos. (alterado pela EC 25, de 15/5/85)

Título III — Da Ordem Econômica e Social

Art. 165. A Constituição assegura aos trabalhadores os seguintes direitos, além de outros que, nos termos da lei, visem à melhoria de sua condição social:

XX — a aposentadoria para o professor após 30 anos e, para a professora, após 25 anos de efetivo exercício em funções de magistério, com salário integral. (Acrescentado pela EC 18, de 30/6/81)

Art. único (após parágrafo único do Art. 165) — **É assegurado aos deficientes a melhoria de sua condição social e econômica, especialmente mediante:**

I — educação especial e gratuita (...) (acrescentado pela EC 12, de 17/10/78)

Título IV — Da Família, da Educação e da Cultura

Art. 168. A educação é direito de todos e será dada no lar e na escola; assegurada a igualdade de oportunidade, deve inspirar-se no princípio da unidade nacional e nos ideais de liberdade e de solidariedade humana.

Art. 175. § 4° Lei especial disporá sobre a assistência à maternidade, à infância e à adolescência e sobre a educação de excepcionais. (acrescentada pela EC 1)

Art. 176. A educação, inspirada no princípio da unidade nacional e nos ideais de liberdade e solidariedade humana, é direito de todos e dever do Estado, e será dada no lar e na escola. (Alterada pela EC 1)

§ 1° — O ensino será ministrado nos diferentes graus pelos Poderes Públicos.

§ 2° — Respeitadas as disposições legais, o ensino é livre à iniciativa particular, a qual merecerá o amparo técnico e financeiro dos Poderes Públicos, inclusive bolsas de estudo.

§ 2° — Respeitadas as disposições legais, o ensino é livre à iniciativa particular, a qual merecerá o amparo técnico e financeiro dos Poderes Públicos, inclusive mediante bolsas de estudo. (Alterado pela EC 1)

§ 3° — A legislação do ensino adotará os seguintes princípios e normas:

I — o ensino primário somente será ministrado na língua nacional;

II — o ensino dos sete aos quatorze anos é obrigatório para todos e gratuito nos estabelecimentos primários oficiais;

II — o ensino primário é obrigatório para todos, dos sete aos quatorze anos, e gratuito nos estabelecimentos oficiais; (alterado pela EC 1)

III — o ensino oficial ulterior ao primário será, igualmente, gratuito para quantos, demonstrando efetivo aproveitamento, provarem falta ou insuficiência de recursos. Sempre que possível, o Poder Público substituirá o regime de gratuidade pelo de concessão de bolsas de estudo, exigido o posterior reembolso no caso de ensino de grau superior;

> **III — o ensino público será igualmente gratuito para quantos, no nível médio e no superior, demonstrarem efetivo aproveitamento e provarem falta ou insuficiência de recursos;** (alterado pela EC 1)
>
> **IV — O Poder Público substituirá, gradativamente, o regime de gratuidade no ensino médio e no superior pelo sistema de concessão de bolsas de estudo, mediante restituição, que a lei regulará;** (alterado pela EC 1)

IV — o ensino religioso, de matrícula facultativa, constituirá disciplina dos horários normais das escolas oficiais de grau primário e médio;

> **V — o ensino religioso, de matrícula facultativa, constituirá disciplina dos horários normais das escolas oficiais de grau primário e médio;** (alterado pela EC 1)

V — o provimento dos cargos iniciais e finais das carreiras do magistério de grau médio e superior será feito, sempre mediante prova de habilitação, consistindo em concurso público de provas e títulos quando se tratar de ensino oficial;

> **VI — o provimento dos cargos iniciais e finais das carreiras do magistério de grau médio e superior será feito, sempre mediante prova de habilitação, consistindo em concurso público de provas e títulos quando se tratar de ensino oficial; e** (alterado pela EC 1)

VI — é garantida a liberdade de cátedra.

> **VII — a liberdade de comunicação de conhecimentos no exercício do magistério, ressalvado o disposto no art. 154.** (Acrescentado pela EC 1) [Art. 154 — O abuso de direito individual ou político, com o propósito de subversão do regime democrático ou de corrupção, importará a suspensão daqueles direitos de dois a dez anos (...)]

> **§ 4° — Anualmente, a União aplicará nunca menos de treze por cento, e os Estados, o Distrito Federal e os Municípios, vinte e cinco por cento, no mínimo, da receita resultante de impostos, na manutenção e desenvolvimento do ensino.** (Acrescentado pela EC 24, de 1/12/83)

Art. 169. Os Estados e o Distrito Federal organizarão os seus sistemas de ensino, e a União, os dos Territórios, assim como o sistema federal, o qual terá caráter supletivo e se estenderá a todo o País, nos estritos limites das deficiências locais.

> **Art. 177. Os Estados e o Distrito Federal organizarão os seus sistemas de ensino, e a União, os dos Territórios, assim como o sistema federal, o qual terá caráter supletivo e se estenderá a todo o País, nos estritos limites das deficiências locais.** (Alterado pela EC 1)

§ 1° — A União prestará assistência técnica e financeira para o desenvolvimento dos sistemas estaduais e do Distrito Federal.

§ 2° — Cada sistema de ensino terá, obrigatoriamente, serviços de assistência educacional que assegurem aos alunos necessitados condições de eficiência escolar.

Art. 170. As empresas comerciais, industriais e agrícolas são obrigadas a manter, pela forma que a lei estabelecer, o ensino primário gratuito de seus empregados e dos filhos destes.

Art. 178. As empresas comerciais, industriais e agrícolas são obrigadas a manter o ensino primário gratuito de seus empregados e o ensino dos filhos destes, entre os sete e os quatorze anos, ou a concorrer para aquele fim, mediante a contribuição do salário-educação, na forma que a lei estabelecer. (Alterado pela EC 1)

Parágrafo único — As empresas comerciais e industriais são ainda obrigadas a ministrar, em cooperação, aprendizagem aos seus trabalhadores menores.

Parágrafo único — As empresas comerciais e industriais são ainda obrigadas a assegurar, em cooperação, condições de aprendizagem aos seus trabalhadores menores e a promover o preparo de seu pessoal qualificado. (Alterado pela EC 1)

Art. 171. As ciências, as letras e as artes são livres.

Art. 179. As ciências, as letras e as artes são livres, ressalvado o disposto no parágrafo 8° do Art. 153. (Alterado pela EC 1) [§ 8º do Art. 153: É livre a manifestação de pensamento, de convicção política ou filosófica, bem como a prestação de informação independentemente de censura, salvo quanto a diversões e espetáculos públicos, respondendo, cada um, nos termos da lei, pelos abusos que cometer. É assegurado o direito de resposta. A publicação de livros, jornais e periódicos não depende de licença da autoridade. Não serão, porém, toleradas a propaganda de guerra, de subversão da ordem ou de preconceitos de religião, de raça ou de classe, e as publicações e exteriorizações contrárias à moral e aos bons costumes].

Parágrafo único — O Poder Público incentivará a pesquisa científica e tecnológica.

> **Parágrafo único — O Poder Público incentivará a pesquisa científica e o ensino científico e tecnológico.** (Alterado pela EC 1)

Título V — Das Disposições Gerais e Transitórias

Art. 177. Fica assegurada a vitaliciedade aos Professores catedráticos e titulares de Ofício de Justiça nomeados até a vigência desta Constituição, assim como a estabilidade de funcionários já amparados pela legislação anterior.

9 — Constituição Federal de 1988 (de 5/10/88). As alterações introduzidas pela Emenda Constitucional de Revisão 1 (de 1°/3/94) e pelas Emendas Constitucionais 10 (de 4/3/96), 11 (de 30/4/96), 14 (de 12/9/96), 17 (de 22/11/97), 19 (de 4/6/98), 20 (de 15/12/98), 26 (de 14/2/00), 27 (21/3/00), 29 (13/9/00), 31 (de 14/12/00) , 42 (de 19/12/03), 53 (de 19/12/06), 56 (de 20/12/07) e 59 (de 11/11/09) estão em negrito e dentro de caixa.

Capítulo II — Dos Direitos Sociais

Art. 6º São direitos sociais a educação, a saúde, o trabalho, o lazer, a segurança, a previdência social, a proteção à maternidade e à infância, a assistência aos desamparados, na forma desta Constituição.

> **Art. 6° São direitos sociais a educação, a saúde, o trabalho, a moradia, o lazer, a segurança, a previdência social, a proteção à maternidade e à infância, a assistência aos desamparados, na forma desta Constituição.** (Alterado pela EC 26)

Art. 7º São direitos dos trabalhadores urbanos e rurais, além de outros que visem à melhoria de sua condição social:

XXV — assistência gratuita aos filhos e dependentes desde o nascimento até seis anos de idade em creches e pré-escolas.

XXV — assistência gratuita aos filhos e dependentes desde o nascimento até 5 (cinco) anos de idade em creches e pré-escolas; (alterado pela EC 53)

Art. 22. Compete privativamente à União legislar sobre:

XXIV — diretrizes e bases da educação nacional.

Art. 23. É competência comum da União, dos Estados, do Distrito Federal e dos Municípios:

V — proporcionar os meios de acesso à cultura, à educação e à ciência.

Parágrafo único. Leis complementares fixarão normas para a cooperação entre a União e os Estados, o Distrito Federal e os Municípios, tendo em vista o equilíbrio do desenvolvimento e do bem-estar em âmbito nacional. (Acrescentado pela EC 53)

Art. 24. Compete à União, aos Estados e ao Distrito Federal legislar concorrentemente sobre:

IX — educação, cultura, ensino e desporto.

Art. 30. Compete aos Municípios:

VI — manter, com a cooperação técnica e financeira da União e do Estado, programas de educação pré-escolar e de ensino fundamental.

VI - manter, com a cooperação técnica e financeira da União e do Estado, programas de educação infantil e de ensino fundamental; (alterado pela EC 53)

Art. 34. A União não intervirá nos Estados nem no Distrito Federal, exceto para:

(...) VII — assegurar a observância dos seguintes princípios constitucionais:

(...) e) Aplicação do mínimo exigido da receita resultante de impostos estaduais, compreendida a proveniente de transferências, na manutenção e desenvolvimento do ensino. (Acrescentado pela EC 14)

e) Aplicação do mínimo exigido da receita resultante de impostos estaduais, compreendida a proveniente de transferências, na manutenção e desenvolvimento do ensino e nas ações e serviços públicos de saúde. (Alterado pela EC 29)

Art. 35. O Estado não intervirá em seus Municípios, nem a União nos Municípios localizados em Território Federal, exceto quando:

III — não tiver sido aplicado o mínimo exigido da receita municipal na manutenção e desenvolvimento do ensino;

III — não tiver sido aplicado o mínimo exigido da receita municipal na manutenção e desenvolvimento do ensino e nas ações e serviços públicos de saúde. (Alterado pela EC 29)

Art. 37. XVI — é vedada a acumulação remunerada de cargos públicos, exceto, quando houver compatibilidade de horários:

Art. 37. XVI — é vedada a acumulação remunerada de cargos públicos, exceto, quando houver compatibilidade de horários, observado em qualquer caso o disposto no inciso XI: (alterado pela EC 19)

a) a de dois cargos de professor;

b) a de um cargo de professor com outro técnico ou científico.

Art. 40. O servidor será aposentado:

III — voluntariamente:

b) aos trinta anos de efetivo exercício em funções de magistério, se professor, e vinte e cinco, se professora, com proventos integrais;

Art. 40. (...)

III — voluntariamente, desde que cumprido tempo mínimo de dez anos de efetivo exercício no serviço público e cinco anos no cargo efetivo em que se dará a aposentadoria, observadas as seguintes condições:

a) sessenta anos de idade e trinta e cinco de contribuição, se homem, e cinquenta de cinco anos de idade e trinta de contribuição, se mulher;

b) sessenta e cinco anos de idade, se homem, e sessenta anos de idade, se mulher, com proventos proporcionais ao tempo de contribuição.

§ 5° — Os requisitos de idade e tempo de contribuição serão reduzidos em cinco anos, em relação ao disposto no § 1°, III, "a", para o professor que comprove exclusivamente tempo de efetivo exercício das funções de magistério na educação infantil e no ensino fundamental e médio. (Alterado pela EC 20)

Art. 150. Sem prejuízo de outras garantias asseguradas ao contribuinte, é vedado à União, aos Estados, ao Distrito Federal e aos Municípios:

VI — instituir impostos sobre:

c) patrimônio, renda ou serviços dos partidos políticos, inclusive suas fundações, das entidades sindicais dos trabalhadores, das instituições de educação e de assistência social sem fins lucrativos, atendidos os requisitos da lei;

§ 4º — As vedações expressas no inciso VI, alíneas b e c, compreendem somente o patrimônio, a renda e os serviços relacionados com as finalidades essenciais nelas mencionadas.

> **Art. 201. § 7° — É assegurada aposentadoria no regime geral da previdência social, nos termos da lei, obedecidas as seguintes condições:**
>
> **I — trinta e cinco anos de contribuição, se homem, e trinta anos de contribuição, se mulher.**
>
> **§ 8° — Os requisitos a que se refere o inciso I do parágrafo anterior serão reduzidos em cinco anos, para o professor que comprove exclusivamente tempo de efetivo exercício das funções de magistério na educação infantil e no ensino fundamental e médio.** (Parágrafos e inciso acrescentados pela EC 20)

Capítulo III — Da Educação, da Cultura e do Desporto

Seção I — Da Educação

Art. 205. A educação, direito de todos e dever do Estado e da família, será promovida e incentivada com a colaboração da sociedade, visando ao pleno desenvolvimento da pessoa, seu preparo para o exercício da cidadania e sua qualificação para o trabalho.

Art. 206. O ensino será ministrado com base nos seguintes princípios:

I — igualdade de condições para o acesso e permanência na escola;

II — liberdade de aprender, ensinar, pesquisar e divulgar o pensamento, a arte e o saber;

III — pluralismo de ideias de concepções pedagógicas, e coexistência de instituições públicas e privadas de ensino;

IV — gratuidade do ensino público em estabelecimentos oficiais;

V — valorização dos profissionais do ensino, garantidos, na forma da lei, planos de carreira para o magistério público, com piso salarial profissional e ingresso exclusivamente por concurso público de provas e títulos, assegurado regime jurídico único para todas as instituições mantidas pela União;

> **V — valorização dos profissionais do ensino, garantidos, na forma da lei, planos de carreira para o magistério público, com piso salarial profissional e ingresso exclusivamente por concurso público de provas e títulos.** (Alterado pela EC 19)

> **V — valorização dos profissionais da educação escolar, garantidos, na forma da lei, planos de carreira, com ingresso exclusivamente por concurso público de provas e títulos, aos das redes públicas;** (alterado pela EC 53)

VI — gestão democrática do ensino público, na forma da lei;

VII — garantia de padrão de qualidade.

> **VIII — piso salarial profissional nacional para os profissionais da educação escolar pública, nos termos de lei federal.**
>
> **Parágrafo único. A lei disporá sobre as categorias de trabalhadores considerados profissionais da educação básica e sobre a fixação de prazo para a elaboração ou adequação de seus planos de carreira, no âmbito da União, dos Estados, do Distrito Federal e dos Municípios.** (Acrescentado pela EC 53)

Art. 207. As universidades gozam de autonomia didático-científica, administrativa e de gestão financeira e patrimonial, e obedecerão ao princípio de indissociabilidade entre ensino, pesquisa e extensão.

> **§ 1° — É facultado às universidades admitir professores, técnicos e cientistas estrangeiros, na forma da lei.**
>
> **§ 2° — O disposto neste artigo aplica-se às instituições de pesquisa científica e tecnológica.** (Acrescentado pela EC 11)

Art. 208. O dever do Estado com a educação será efetivado mediante a garantia de:

I — ensino fundamental, obrigatório e gratuito, inclusive para os que a ele não tiveram acesso na idade própria;

> **I — ensino fundamental, obrigatório e gratuito, assegurada, inclusive, sua oferta gratuita para todos os que a ele não tiverem acesso na idade própria;** (alterado pela EC 14)

> **I — educação básica obrigatória e gratuita dos 4 (quatro) aos 17 (dezessete) anos de idade, assegurada inclusive sua oferta gratuita para todos os que a ela não tiveram acesso na idade própria**; (alterado pela EC 59, que prevê a sua implementação progressiva, até 2016, nos termos do Plano Nacional de Educação, com apoio técnico e financeiro da União).

II — progressiva extensão da obrigatoriedade e gratuidade ao ensino médio;

> **II — progressiva universalização do ensino médio gratuito;** (alterado pela EC 14)

III — atendimento educacional especializado aos portadores de deficiência, preferencialmente na rede regular de ensino;

IV — atendimento em creche e pré-escola às crianças de zero a seis anos de idade;

IV — educação infantil, em creche e pré-escola, às crianças até 5 (cinco) anos de idade; (alterado pela EC 53)

V — acesso aos níveis mais elevados do ensino, da pesquisa e da criação artística, segundo a capacidade de cada um;

VI — oferta de ensino noturno regular, adequado às condições do educando;

VII — atendimento ao educando, no ensino fundamental, através de programas suplementares de material didático-escolar, transporte, alimentação e assistência à saúde.

VII — atendimento ao educando, em todas as etapas da educação básica, por meio de programas suplementares de material didático-escolar, transporte, alimentação e assistência à saúde. (alterado pela EC 59)

§ 1º — O acesso ao ensino obrigatório e gratuito é direito público subjetivo.

§ 2º — O não-oferecimento do ensino obrigatório pelo Poder Público, ou sua oferta irregular, importa responsabilidade da autoridade competente.

§ 3º — Compete ao Poder Público recensear os educandos no ensino fundamental, fazer-lhes a chamada e zelar, junto aos pais ou responsáveis, pela frequência à escola.

Art. 209. O ensino é livre à iniciativa privada, atendidas as seguintes condições:

I — cumprimento das normas gerais da educação nacional;

II — autorização e avaliação de qualidade pelo Poder Público.

Art. 210. Serão fixados conteúdos mínimos para o ensino fundamental, de maneira a assegurar formação básica comum e respeito aos valores culturais e artísticos, nacionais e regionais.

§ 1º — O ensino religioso, de matrícula facultativa, constituirá disciplina dos horários normais das escolas públicas de ensino fundamental.

§ 2º — O ensino fundamental regular será ministrado em língua portuguesa, assegurada às comunidades indígenas também a utilização de suas línguas maternas e processos próprios de aprendizagem.

Art. 211. A União, os Estados, o Distrito Federal e os Municípios organizarão em regime de colaboração seus sistemas de ensino.

§ 1º — A União organizará e financiará o sistema federal de ensino e o dos Territórios, e prestará assistência técnica e financeira aos Estados, ao Distrito Federal e aos Municípios para o desenvolvimento de seus sistemas de ensino e o atendimento prioritário à escolaridade obrigatória.

§ 1° — A União organizará o sistema federal de ensino e dos Territórios, financiará as instituições de ensino públicas federais e exercerá, em matéria educacional, função redistributiva e supletiva, de forma a garantir equalização de oportunidades educacionais e padrão mínimo de qualidade do ensino mediante assistência técnica e financeira aos Estados, ao Distrito Federal e aos Municípios. (Alterado pela EC 14)

§ 2º — Os Municípios atuarão prioritariamente no ensino fundamental e pré-escolar.

§ 2° — Os Municípios atuarão prioritariamente no ensino fundamental e na educação infantil. (Alterado pela EC 14)

§ 3° — Os Estados e Distrito Federal atuarão prioritariamente no ensino fundamental e médio.

§ 4° — Na organização de seus sistemas de ensino, os Estados e os Municípios definirão formas de colaboração, de

modo a assegurar a universalização do ensino obrigatório. (Acrescentados pela EC 14)

§ 4° — Na organização de seus sistemas de ensino, a União, os Estados, o Distrito Federal e os Municípios definirão formas de colaboração, de modo a assegurar a universalização do ensino obrigatório. (Alterado pela EC 59)

§ 5° — A educação básica pública atenderá prioritariamente ao ensino regular; (acrescentado pela EC 53)

Art. 212. A União aplicará, anualmente, nunca menos de dezoito, e os Estados, o Distrito Federal e os Municípios, vinte e cinco por cento, no mínimo, da receita resultante de impostos, compreendida a proveniente de transferências, na manutenção e desenvolvimento do ensino.

§ 1º — A parcela da arrecadação de impostos transferida pela União aos Estados, ao Distrito Federal e aos Municípios, ou pelos Estados aos respectivos Municípios, não é considerada, para efeito do cálculo previsto neste artigo, receita do governo que a transferir.

§ 2º — Para efeito do cumprimento do disposto no *caput* deste artigo, serão considerados os sistemas de ensino federal, estadual e municipal e os recursos aplicados na forma do art. 213.

§ 3º — A distribuição dos recursos públicos assegurará prioridade ao atendimento das necessidades do ensino obrigatório, nos termos do plano nacional de educação.

§ 3° — A distribuição dos recursos públicos assegurará prioridade ao atendimento das necessidades do ensino obrigatório, no que se refere à universalização, garantia de

padrão de qualidade e equidade, nos termos do plano nacional de educação. (Alterado pela EC 59)

§ 4º — Os programas suplementares de alimentação e assistência à saúde previstos no art. 208, VII, serão financiados com recursos provenientes de contribuições sociais e outros recursos orçamentários.

§ 5º — O ensino fundamental público terá como fonte adicional de financiamento a contribuição social do salário-educação, recolhida, na forma da lei, pelas empresas, que dela poderão deduzir a aplicação realizada no ensino fundamental de seus empregados e dependentes.

§ 5º — O ensino fundamental público terá como fonte adicional de financiamento a contribuição social do salário-educação, recolhida pelas empresas, na forma da lei. (Alterado pela EC 14)

§ 5º — A educação básica pública terá como fonte adicional de financiamento a contribuição social do salário-educação, recolhida pelas empresas na forma da lei. (Alterado pela EC 53)

§ 6º — As cotas estaduais e municipais da arrecadação da contribuição social do salário-educação serão distribuídas proporcionalmente ao número de alunos matriculados na educação básica nas respectivas redes públicas de ensino. (Acrescentado pela EC 53)

Art. 213. Os recursos públicos serão destinados às escolas públicas, podendo ser dirigidos a escolas comunitárias, confessionais ou filantrópicas, definidas em lei, que

I — comprovem finalidade não lucrativa e apliquem seus excedentes financeiros em educação;

II — assegurem a destinação de seu patrimônio a outra escola comunitária, filantrópica ou confessional, ou ao Poder Público, no caso de encerramento de suas atividades.

§ 1º — Os recursos de que trata este artigo poderão ser destinados a bolsas de estudo para o ensino fundamental e médio, na forma da lei, para os que demonstrarem insuficiência de recursos, quando houver falta de vagas e cursos regulares da rede pública na localidade da residência do educando, ficando o Poder Público obrigado a investir prioritariamente na expansão de sua rede na localidade.

§ 2º — As atividades universitárias de pesquisa e extensão poderão receber apoio financeiro do Poder Público.

Art. 214. A lei estabelecerá o plano nacional de educação, de duração plurianual, visando à articulação e ao desenvolvimento do ensino em seus diversos níveis e à integração das ações do Poder Público que conduzam à:

Art. 214. A lei estabelecerá o plano nacional de educação, de duração decenal, com o objetivo de articular o sistema nacional de educação em regime de colaboração e definir diretrizes, objetivos, metas e estratégias de implementação para assegurar a manutenção e desenvolvimento do ensino em seus diversos níveis, etapas e modalidades por meio de ações integradas dos poderes públicos das diferentes esferas federativas que conduzam a: (alterado pela EC 59)

I — erradicação do analfabetismo;

II — universalização do atendimento escolar;

III — melhoria da qualidade do ensino;

IV — formação para o trabalho;

V — promoção humanística, científica e tecnológica do País.

VI — estabelecimento de meta de aplicação de recursos públicos em educação como proporção do produto interno bruto. (Acrescentado pela EC 59)

Capítulo IV — Da Ciência e Tecnologia

Art. 218 — § 5º — É facultado aos Estados e ao Distrito Federal vincular parcela de sua receita orçamentária a entidades públicas de fomento ao ensino e à pesquisa científica e tecnológica.

Capítulo VI — Do Meio Ambiente

Art. 225, § 1º, (...) incumbe ao Poder Público:

inciso VI — promover a educação ambiental em todos os níveis de ensino e a conscientização pública para a preservação do meio ambiente.

Art. 227. É dever da família, da sociedade e do Estado assegurar à criança e ao adolescente, com absoluta prioridade, o direito à vida, à saúde, à alimentação, à educação (...)

§ 3º — O direito à proteção especial abrangerá os seguintes aspectos:

III — garantia de acesso do trabalhador adolescente à escola.

Das Disposições Constitucionais Gerais

Art. 242. O princípio do Art. 206, IV, não se aplica às instituições educacionais oficiais criadas por lei estadual ou municipal e existentes na data da promulgação desta Constituição, que não sejam total ou preponderantemente mantidas com recursos públicos.

§ 1º — O ensino da História do Brasil levará em conta as contribuições das diferentes culturas e etnias para a formação do povo brasileiro.

§ 2º — O Colégio Pedro II, localizado na cidade do Rio de Janeiro, será mantido na órbita federal.

Ato das Disposições Constitucionais Transitórias

Art. 19. Os servidores públicos civis da União, dos Estados, do Distrito Federal e dos Municípios, da administração direta, autárquica e das fundações públicas, em exercício na data da promulgação da Constituição, há pelo menos cinco anos continuados, e que não tenham sido admitidos na forma regulada no art. 37 da Constituição, são considerados estáveis no serviço público.

§ 3º — O disposto neste artigo não se aplica aos professores de nível superior, nos termos da lei.

Art. 60. Nos dez primeiros anos da promulgação da Constituição, o Poder Público desenvolverá esforços, com a mobilização de todos os setores organizados da sociedade e com a aplicação de, pelo menos, cinquenta por cento dos recursos a que se refere o art. 212 da Constituição, para eliminar o analfabetismo e universalizar o ensino fundamental.

Parágrafo único — Em igual prazo, as universidades públicas descentralizarão suas atividades, de modo a estender suas unidades de ensino superior às cidades de maior densidade populacional.

Art. 60. Nos dez primeiros anos da promulgação desta Emenda, os Estados, o Distrito Federal e os Municípios destinarão não menos de sessenta por cento dos recursos a que refere o art. 212 da Constituição Federal à manutenção e ao desenvolvimento do ensino fundamental, com o objetivo de assegurar universalização de seu atendimento e a remuneração condigna do magistério. (Alterado pela EC 14)

§ 1° — A distribuição de responsabilidades e recursos entre os Estados e seus Municípios, a ser concretizada com parte dos recursos definidos neste artigo, na forma do disposto no art. 211 da Constituição Federal, é assegurada mediante a criação, no âmbito de cada Estado e do Distrito

Federal, de um Fundo de Manutenção e Desenvolvimento do Ensino Fundamental e de Valorização do Magistério, de natureza contábil.

§ 2° — O Fundo referido no parágrafo anterior será constituído por, pelo menos, quinze por cento dos recursos a que se referem os art. 155, inciso II, 158, inciso IV, e 159, inciso I, alíneas a e b, e inciso II, da Constituição Federal, e será distribuído entre cada Estado e seus municípios, proporcionalmente ao número de alunos nas respectivas redes de ensino fundamental.

§ 3° — A União complementará os recursos dos Fundos a que se refere o par. 1°, sempre que, em cada Estado e no Distrito Federal, seu valor por aluno não alcançar o mínimo definido nacionalmente.

§ 4° — A União, os Estados, o Distrito Federal e os Municípios ajustarão progressivamente, em um prazo de cinco anos, suas contribuições ao Fundo, de forma a garantir um valor por aluno correspondente a um padrão mínimo de qualidade de ensino, definido nacionalmente.

§ 5° — Uma proporção não inferior a sessenta por cento dos recursos de cada Fundo referido no par. 1° será destinada ao pagamento dos professores do ensino fundamental em efetivo exercício no magistério.

§ 6° — A União aplicará na erradicação do analfabetismo e na manutenção do ensino fundamental, inclusive na complementação a que se refere o par. 3°, nunca menos que o equivalente a trinta por cento dos recursos a que se refere o *caput* **do art. 212 da Constituição Federal.**

§ 7° — A lei disporá sobre a organização dos Fundos, a distribuição proporcional de seus recursos, sua fiscalização e controle, bem como sobre a forma de cálculo do valor mínimo nacional por aluno. (Acrescentados pela EC 14)

Art. 60. Até o 14° (décimo quarto) ano a partir da promulgação desta Emenda Constitucional, os Estados, o Distrito Federal e os Municípios destinarão parte dos recursos a que se refere o *caput* do art. 212 da Constituição Federal à manutenção e desenvolvimento da educação básica e à remuneração condigna dos trabalhadores da educação, respeitadas as seguintes disposições:

I — a distribuição dos recursos e de responsabilidades entre o Distrito Federal, os Estados e seus Municípios é assegurada mediante a criação, no âmbito de cada Estado e do Distrito Federal, de um Fundo de Manutenção e Desenvolvimento da Educação Básica e de Valorização dos Profissionais da Educação — FUNDEB, de natureza contábil;

II — os Fundos referidos no inciso I do *caput* deste artigo serão constituídos por 20% (vinte por cento) dos recursos a que se referem os incisos I, II e III do art. 155; o inciso II do *caput* do art. 157; os incisos II, III e IV do *caput* do art. 158; e as alíneas a e b do inciso I e o inciso II do *caput* do art. 159, todos da Constituição Federal, e distribuídos entre cada Estado e seus Municípios, proporcionalmente ao número de alunos das diversas etapas e modalidades da educação básica presencial, matriculados nas respectivas redes, nos respectivos âmbitos de atuação prioritária estabelecidos nos §§ 2° e 3° do art. 211 da Constituição Federal;

III — observadas as garantias estabelecidas nos incisos I, II, III e IV do *caput* do art. 208 da Constituição Federal e as metas de universalização da educação básica estabelecidas no Plano Nacional de Educação, a lei disporá sobre:

a) a organização dos Fundos, a distribuição proporcional de seus recursos, as diferenças e as ponderações quanto ao valor anual por aluno entre etapas e modalidades da educação básica e tipos de estabelecimento de ensino;

b) a forma de cálculo do valor anual mínimo por aluno;

c) os percentuais máximos de apropriação dos recursos dos Fundos pelas diversas etapas e modalidades da educação básica, observados os arts. 208 e 214 da Constituição Federal, bem como as metas do Plano Nacional de Educação;

d) a fiscalização e o controle dos Fundos;

e) prazo para fixar, em lei específica, piso salarial profissional nacional para os profissionais do magistério público da educação básica;

IV — os recursos recebidos à conta dos Fundos instituídos nos termos do inciso I do *caput* deste artigo serão aplicados pelos Estados e Municípios exclusivamente nos respectivos âmbitos de atuação prioritária, conforme estabelecido nos §§ 2° e 3° do art. 211 da Constituição Federal;

V — a União complementará os recursos dos Fundos a que se refere o inciso II do *caput* deste artigo sempre que, no Distrito Federal e em cada Estado, o valor por aluno não alcançar o mínimo definido nacionalmente, fixado em observância ao disposto no inciso VII do *caput* deste artigo, vedada a utilização dos recursos a que se refere o § 5° do art. 212 da Constituição Federal;

VI — até 10% (dez por cento) da complementação da União prevista no inciso V do *caput* deste artigo poderá ser distribuída para os Fundos por meio de programas direcionados para a melhoria da qualidade da educação, na forma da lei a que se refere o inciso III do *caput* deste artigo;

VII — a complementação da União de que trata o inciso V do *caput* deste artigo será de, no mínimo:

a) R$ 2.000.000.000,00 (dois bilhões de reais), no primeiro ano de vigência dos Fundos;

b) R$ 3.000.000.000,00 (três bilhões de reais), no segundo ano de vigência dos Fundos;

c) R$ 4.500.000.000,00 (quatro bilhões e quinhentos milhões de reais), no terceiro ano de vigência dos Fundos;

d) 10% (dez por cento) do total dos recursos a que se refere o inciso II do *caput* deste artigo, a partir do quarto ano de vigência dos Fundos;

VIII — a vinculação de recursos à manutenção e desenvolvimento do ensino estabelecida no art. 212 da Constituição Federal suportará, no máximo, 30% (trinta por cento) da complementação da União, considerando-se para os fins deste inciso os valores previstos no inciso VII do *caput* deste artigo;

IX — os valores a que se referem as alíneas a, b, e c do inciso VII do *caput* deste artigo serão atualizados, anualmente, a partir da promulgação desta Emenda Constitucional, de forma a preservar, em caráter permanente, o valor real da complementação da União;

X — aplica-se à complementação da União o disposto no art. 160 da Constituição Federal;

XI — o não cumprimento do disposto nos incisos V e VII do *caput* deste artigo importará crime de responsabilidade da autoridade competente;

XII — proporção não inferior a 60% (sessenta por cento) de cada Fundo referido no inciso I do *caput* deste artigo será destinada ao pagamento dos profissionais do magistério da educação básica em efetivo exercício.

§ 1° A União, os Estados, o Distrito Federal e os Municípios deverão assegurar, no financiamento da educação básica, a melhoria da qualidade de ensino, de forma a garantir padrão mínimo definido nacionalmente.

§ 2° O valor por aluno do ensino fundamental, no Fundo de cada Estado e do Distrito Federal, não poderá ser inferior ao praticado no âmbito do Fundo de Manutenção e Desenvolvimento do Ensino Fundamental e de Valorização do Magistério — FUNDEF, no ano anterior à vigência desta Emenda Constitucional.

§ 3° O valor anual mínimo por aluno do ensino fundamental, no âmbito do Fundo de Manutenção e Desenvolvimento da Educação Básica e de Valorização dos Profissionais da Educação — FUNDEB, não poderá ser inferior ao valor mínimo fixado nacionalmente no ano anterior ao da vigência desta Emenda Constitucional.

§ 4° Para efeito de distribuição de recursos dos Fundos a que se refere o inciso I do *caput* deste artigo, levar-se-á em conta a totalidade das matrículas no ensino fundamental e considerar-se-á para a educação infantil, para o ensino médio e para a educação de jovens e adultos 1/3 (um terço) das matrículas no primeiro ano, 2/3 (dois terços) no segundo ano e sua totalidade a partir do terceiro ano.

§ 5° A porcentagem dos recursos de constituição dos Fundos, conforme o inciso II do *caput* deste artigo, será alcançada gradativamente nos primeiros 3 (três) anos de vigência dos Fundos, da seguinte forma:

I — no caso dos impostos e transferências constantes do inciso II do *caput* do art. 155; do inciso IV do *caput* do art. 158; e das alíneas a e b do inciso I e do inciso II do *caput* do art. 159 da Constituição Federal:

a) 16,66% (dezesseis inteiros e sessenta e seis centésimos por cento), no primeiro ano;

b) 18,33% (dezoito inteiros e trinta e três centésimos por cento), no segundo ano;

c) 20% (vinte por cento), a partir do terceiro ano;

II — no caso dos impostos e transferências constantes dos incisos I e III do *caput* do art. 155; do inciso II do *caput*

do art. 157; e dos incisos II e III do *caput* do art. 158 da Constituição Federal:

a) 6,66% (seis inteiros e sessenta e seis centésimos por cento), no primeiro ano;

b) 13,33% (treze inteiros e trinta e três centésimos por cento), no segundo ano;

c) 20% (vinte por cento), a partir do terceiro ano. (Alterados pela EC 53)

Art. 61. As entidades educacionais a que se refere o art. 213, bem como as fundações de ensino e pesquisa cuja criação tenha sido autorizada por lei, que preencham os requisitos dos incisos I e II do referido artigo e que, nos últimos três anos, tenham recebido recursos públicos, poderão continuar a recebê-los, salvo disposição legal em contrário.

Art. 62. A lei criará o Serviço Nacional de Aprendizagem Rural [SENAR] nos moldes da legislação relativa ao Serviço Nacional de Aprendizagem Industrial [SENAI] e ao Serviço Nacional de Aprendizagem do Comércio [SENAC], sem prejuízo das atribuições dos órgãos públicos que atuam na área.

Art. 64. A Imprensa Nacional e demais gráficas da União, dos Estados, do Distrito Federal e dos Municípios, da administração direta ou indireta, inclusive fundações instituídas e mantidas pelo Poder Público, promoverão edição popular do texto integral da Constituição, que será posta à disposição das escolas e dos cartórios, dos sindicatos, dos quartéis, das igrejas e de outras instituições representativas da comunidade, gratuitamente, de modo que cada cidadão brasileiro possa receber do Estado um exemplar da Constituição do Brasil.

Art. 71. Fica instituído, nos exercícios financeiros de 1994 e 1995, o Fundo Social de Emergência, com o objetivo de saneamento da Fazenda Pública Federal e de estabilização

econômica, cujos recursos serão aplicados no custeio das ações dos sistemas de saúde e educação (...) (Acrescentado pela EC de Revisão 1, de 1/3/94)

Art. 71. Fica instituído, nos exercícios financeiros de 1994 e 1995, bem assim no período de 1° de janeiro de 1996 a 30 de junho de 1997, o Fundo Social de Emergência, com o objetivo de saneamento da Fazenda Pública Federal e de estabilização econômica, cujos recursos serão aplicados prioritariamente no custeio dos sistemas de saúde e educação (...)

§ 2° O Fundo criado por este artigo passa a ser denominado Fundo de Estabilização Fiscal a partir do início do exercício financeiro de 1996. (Alterado pela EC 10)

Art. 71. É instituído, nos exercícios financeiros de 1994 e 1995, bem assim nos períodos de 1° de janeiro de 1996 a 30 de junho de 1997 e 1° de julho de 1997 a 31 de dezembro de 1999, o Fundo Social de Emergência, com o objetivo de saneamento da Fazenda Pública Federal e de estabilização econômica, cujos recursos serão aplicados prioritariamente no custeio dos sistemas de saúde e educação, incluindo a complementação de recursos de que trata o § 3° do art. 60 do Ato das Disposições Constitucionais Transitórias [**a complementação federal para o Fundef**] (...) (Alterado pela EC 17)

Art. 72. Integram o Fundo Social de Emergência:

I — o produto da arrecadação do imposto sobre renda e proventos de qualquer natureza incidente na fonte sobre pagamentos efetuados, a qualquer título, pela União, inclusive suas autarquias e fundações;

II — a parcela do produto da arrecadação do imposto sobre propriedade territorial rural, do imposto sobre renda

e proventos de qualquer natureza e do imposto sobre operações de crédito, câmbio e seguro, ou relativas a títulos ou valores mobiliários (...);

III (...)

IV — vinte por cento da arrecadação de todos os impostos e contribuições da União, excetuado o previsto nos incisos I, II e III.

(...)

§ 2°. As parcelas de que tratam os incisos I, II, III e V serão previamente deduzidas da base de cálculo de qualquer vinculação ou participação constitucional ou legal, não se lhes aplicando o disposto nos arts. 158, II, 159, 212 e 239 da Constituição.

§ 3°. A parcela de que trata o inciso IV será previamente deduzida da base de cálculo das vinculações ou participações constitucionais previstas nos arts. 153, § 5°, 157, II, 158, II, 212, e 239 da Constituição. (...)

§ 4° O disposto no parágrafo anterior não se aplica aos recursos previstos no art. 159 da Constituição.

§ 5° A parcela dos recursos provenientes do imposto sobre propriedade territorial rural e do imposto sobre renda e proventos de qualquer natureza, destinada ao Fundo Social de Emergência, nos termos do inciso II deste artigo, não poderá exceder:

I — no caso do imposto sobre propriedade territorial rural, a oitenta e seis inteiros e dois décimos por cento do total do produto da sua arrecadação;

II — no caso do imposto sobre renda e proventos de qualquer natureza, a cinco inteiros e seis décimos por cento do total do produto da sua arrecadação. (Acrescentado pela Emenda Constitucional de Revisão 1, de 1°/3/94)

Art. 72. Integram o Fundo Social de Emergência:

(...)

II — a parcela do produto da arrecadação do imposto sobre renda e proventos de qualquer natureza e do imposto sobre operações de crédito, câmbio e seguro, ou relativas a títulos e valores mobiliários, decorrente das alterações produzidas pela Lei n. 8.894, de 21 de junho de 1994, e pelas Leis ns. 8.849 e 8.848, ambas de 28 de janeiro de 1994, e modificações posteriores; (...)

IV — vinte por cento da arrecadação de todos os impostos e contribuições da União, já instituídos ou a serem criados, excetuado o previsto nos incisos I, II e III, observado o disposto nos parágrafos 3° e 4°. (...)

§ 2° — As parcelas de que tratam os incisos I, II, III e V serão previamente deduzidas da base de cálculo de qualquer vinculação ou participação constitucional ou legal, não se lhes aplicando o disposto nos arts. 159, 212 e 239 da Constituição.

§ 3° — A parcela de que trata o inciso IV será previamente deduzida da base de cálculo das vinculações ou participações constitucionais previstas nos arts. 153, § 5°, 157, II, 212, e 239 da Constituição.

§ 4° — O disposto no parágrafo anterior não se aplica aos recursos previstos nos arts. 158, II, e 159 da Constituição.

§ 5° — A parcela dos recursos provenientes do imposto sobre renda e proventos de qualquer natureza, destinada ao Fundo Social de Emergência, nos termos do inciso II deste artigo, não poderá exceder a cinco inteiros e seis décimos por cento do total do produto da sua arrecadação. (Alterado pela EC 10).

Art. 76. É desvinculado de órgão, fundo ou despesa, no período de 2000 a 2003, vinte por cento da arrecadação de impostos e contribuições sociais da União, já instituídos ou que vierem a ser criados no referido período, seus adicionais e respectivos acréscimos legais.

§ 1° — O disposto no *caput* **deste artigo não reduzirá a base de cálculo das transferências a Estados, Distrito Federal e Municípios na formas dos arts. 153, § 5°, 157, I; 158, I e II; e 159, I a e b, e II, da Constituição (...)**

§ 2° — Excetua-se da desvinculação de que trata o *caput* **deste artigo a arrecadação da contribuição social do salário-educação a que se refere o art. 212, § 5°, da Constituição.** (Acréscimos e alterações introduzidas pela EC 27)

Art. 76. É desvinculado de órgão, fundo ou despesa, no período de 2003 a 2007, vinte por cento da arrecadação da União de impostos, contribuições sociais e de intervenção no domínio econômico, já instituídos ou que vierem a ser criados no referido período, seus adicionais e respectivos acréscimos legais:

§ 1° — O disposto no *caput* **deste artigo não reduzirá a base de cálculo das transferências a Estados, Distrito Federal e Municípios na forma dos arts. 153, § 5°; 157, I; 158, I e II; e 159, I, a e b; e II, da Constituição, bem como a base de cálculo das destinações a que se refere o art. 159, I, c, da Constituição.** (Alterado pela EC 42. O parágrafo 2° introduzido pela EC 27 continuou em vigor)

Art. 76. É desvinculado de órgão, fundo ou despesa, até 31 de dezembro de 2011, 20% (vinte por cento) da arrecadação da União de impostos, contribuições sociais e de intervenção no domínio econômico, já instituídos ou

que vierem a ser criados até a referida data, seus adicionais e respectivos acréscimos legais. (Alterado pela EC 56. O parágrafo 1º introduzido pela EC 42 e o 2º introduzido pela EC 27 continuaram em vigor.

§ 3º — Para efeito do cálculo dos recursos para manutenção e desenvolvimento do ensino de que trata o art. 212 da Constituição, o percentual referido no *caput* deste artigo será de 12,5 % (doze inteiros e cinco décimos por cento) no exercício de 2009, 5% (cinco por cento) no exercício de 2010, e nulo no exercício de 2011. (Acrescentado pela EC 59)

Art. 79. É instituído, para vigorar até o ano de 2010, no âmbito do Poder Executivo Federal, o Fundo de Combate e Erradicação da Pobreza, a ser regulado por lei complementar com o objetivo de viabilizar a todos os brasileiros acesso a níveis dignos de subsistência, cujos recursos serão aplicados em ações suplementares de nutrição, habitação, educação, saúde, reforço de renda familiar e outros programas de relevante interesse social voltados para melhoria da qualidade de vida.

Parágrafo único. O Fundo previsto neste artigo terá Conselho Consultivo e de Acompanhamento que conte com a participação de representantes da sociedade civil, nos termos da lei.

Art. 80. Compõem o Fundo de Combate e Erradicação da Pobreza:

I — a parcela do produto da arrecadação correspondente a um adicional de oito centésimos por cento, aplicável de 18 de junho de 2000 a 17 de junho de 2002, na alíquota da contribuição social de que trata o art. 75 do Ato das Disposições Constitucionais Transitórias;

II — a parcela do produto da arrecadação correspondente a um adicional de cinco pontos percentuais na alíquota do Imposto sobre Produtos Industrializados — IPI, ou do imposto que vier a substituí-lo, incidente sobre produtos supérfluos e aplicável até a extinção do Fundo;

III — o produto da arrecadação do imposto de que trata o art. 153, inciso VII, da Constituição;

IV — dotações orçamentárias;

V — doações, de qualquer natureza, de pessoas físicas ou jurídicas do País ou do exterior;

VI — outras receitas, a serem definidas na regulamentação do referido Fundo.

§ 1° — Aos recursos integrantes do Fundo de que trata este artigo não se aplica o disposto nos arts. 159 e 167, inciso IV, da Constituição, assim como qualquer desvinculação de recursos orçamentários.

§ 2° — A arrecadação decorrente do disposto no inciso I deste artigo, no período compreendido entre 18 de junho de 2000 e o início da vigência da lei complementar a que se refere a art. 79, será integralmente repassada ao Fundo, preservado o seu valor real, em títulos públicos federais, progressivamente resgatáveis após 18 de junho de 2002, na forma da lei.

Art. 81. É instituído Fundo constituído pelos recursos recebidos pela União em decorrência da desestatização de sociedades de economia mista ou empresas públicas por ela controladas, direta ou indiretamente, quando a operação envolver a alienação do respectivo controle acionário a pessoa ou entidade não integrante da Administração Pública, ou de participação societária remanescente após a alienação, cujos rendimentos, gerados a partir de 18 de junho de 2002, reverterão ao Fundo de Combate e Erradicação de Pobreza.

§ 1° — Caso o montante anual previsto nos rendimentos transferidos ao Fundo de Combate e Erradicação da Pobreza, na forma deste artigo, não alcance o valor de quatro bilhões de reais. far-se-à complementação na forma do art. 80, inciso IV, do Ato das disposições Constitucionais Transitórias.

§ 2° — Sem prejuízo do disposto no § 1°, o Poder Executivo poderá destinar ao Fundo a que se refere este artigo outras receitas decorrentes da alienação de bens da União.

§ 3° — A constituição do Fundo a que se refere o *caput*, a transferência de recursos ao Fundo de Combate e Erradicação da Pobreza e as demais disposições referentes ao § 1° deste artigo serão disciplinadas em lei, não se aplicando o disposto no art. 165, § 9°, inciso II, da Constituição.

Art. 82. Os Estados, o Distrito Federal e os Municípios devem instituir Fundos de Combate á Pobreza, com os recursos de que trata este artigo e outros que vierem a destinar, devendo os referidos Fundos ser geridos por entidades que contem com a participação da sociedade civil.

§ 1° — Para o financiamento dos Fundos Estaduais e Distrital, poderá ser criado adicional de até dois pontos percentuais na alíquota do Imposto sobre Circulação de Mercadorias e Serviços — ICMS, ou do imposto que vier a substituí-lo, sobre os produtos e serviços supérfluos, não se aplicando, sobre este adicional, o disposto no art. 158, inciso IV, da Constituição. (Acrescentado pela EC 31)

§ 1° — Para o financiamento dos Fundos Estaduais e Distrital, poderá ser criado adicional de até dois pontos percentuais na alíquota do Imposto sobre Circulação de Mercadorias e Serviços — ICMS, sobre os produtos e serviços supérfluos e nas condições definidas na lei complementar de que trata o art. 155, § 2°, XII, da Constituição, não se

aplicando, sobre este percentual, o disposto no art. 158, IV, da Constituição. (Alterado pela EC 42)

§ 2° — Para o financiamento dos Fundos Municipais, poderá ser criado adicional de até meio ponto percentual na alíquota do Imposto sobre serviços ou do imposto que vier a substituí-lo, sobre serviços supérfluos.

Art. 83. Lei federal definirá os produtos e serviços supérfluos a que se referem os arts. 80, inciso II, e 82, §§ 1° e 2°. (Acrescentado pela EC 31)

Art. 83. Lei federal definirá os produtos e serviços supérfluos a que se referem os arts. 80, II, e 82, § 2°. (Alterado pela EC 42)

Capítulo 2

Lei n. 4.024 (Diretrizes e Bases da Educação Nacional), de 20/12/61, com os vetos presidenciais mantidos ou rejeitados pelo Congresso Nacional, sendo promulgada em 14/12/62 e publicada no *Diário Oficial da União* em 17/12/1962.*

Fixa as Diretrizes e Bases da Educação Nacional.

TÍTULO I
Dos Fins da Educação

Art. 1º A educação nacional, inspirada nos princípios de liberdade e nos ideais de solidariedade humana, tem por fim:

---

* As fontes para a n. 4.024 e os vetos presidenciais foram a página da Presidência da República (www.planalto.gov.br) e o número de jul./dez. de 1962 de *Lex* (periódico especializado em legislação federal). Para as alterações e regulamentações da 4.024, a fonte foi quase que exclusivamente o CD-ROM sobre a legislação federal editado pelo Senado em 2000 e o sítio <www.planalto.gov.br>. A n. 4.024 foi revogada em grande parte pelo Decreto-Lei n. 464, de 11/2/69, e pela Lei n. 5.692, de 1971, e quase totalmente pela Lei n. 9.394, de 1996. O Decreto-Lei n. 464 revogou os artigos 66 a 87, 117 e 118. A Lei n. 5.692 revogou os artigos 18, 21, 23 a 29, 31 a 65, 92 a 95, 97 a 99, 101 a 103, 105, 109, 110, 113 e 116 da 4.024. Continuavam em vigor em outubro de 2009 os artigos 6 a 9 conforme alterados pela Lei n. 9.131, de 24/11/95, e pela Medida Provisória 2.216-37, de 31/8/01. A diferença entre os vetos mantidos (que aparecem riscados) e os rejeitados pelo Congresso é que o conteúdo dos mantidos foi excluído desde dezembro de 1961, com a promulgação da Lei n. 4.024, ao passo que o dos rejeitados só foi excluído de 1961 a 1962 (durante a vigência dos vetos), passando a vigorar a partir de 17/12/62, quando o conteúdo dos vetos rejeitados foi publicado no *Diário Oficial da União*.

Em novembro de 2009 apenas os artigos 6 a 9 alterados continuavam em vigor.

a) a compreensão dos direitos e deveres da pessoa humana, do cidadão, do Estado, da família e dos demais grupos que compõem a comunidade;

b) o respeito à dignidade e às liberdades fundamentais do homem;

c) o fortalecimento da unidade nacional e da solidariedade internacional;

d) o desenvolvimento integral da personalidade humana e a sua participação na obra do bem comum;

e) o preparo do indivíduo e da sociedade para o domínio dos recursos científicos e tecnológicos que lhes permitam utilizar as possibilidades e vencer as dificuldades do meio;

f) a preservação e expansão do patrimônio cultural;

g) a condenação a qualquer tratamento desigual por motivo de convicção filosófica, política ou religiosa, bem como a quaisquer preconceitos de classe ou de raça.

TÍTULO II
Do Direito à Educação

Art. 2º A educação é direito de todos e será dada no lar e na escola.

Parágrafo único. À família cabe escolher o gênero de educação que deve dar a seus filhos.

Art. 3º O direito à educação é assegurado:

I — pela obrigação do poder público e pela liberdade de iniciativa particular de ministrarem o ensino em todos os graus, na forma de lei em vigor;

II — pela obrigação do Estado de fornecer recursos indispensáveis para que a família e, na falta desta, os demais membros da sociedade se desobriguem dos encargos da educação, quando provada a insuficiência de meios, de modo que sejam asseguradas iguais oportunidades a todos.

TÍTULO III
Da Liberdade do Ensino

Art. 4º É assegurado a todos, na forma da lei, o direito de transmitir seus conhecimentos.

Art. 5º São assegurados, aos estabelecimentos de ensino públicos e particulares legalmente autorizados, adequada representação nos conselhos estaduais de educação, e o reconhecimento, para todos os fins, dos estudos neles realizados.

TÍTULO IV
Da Administração do Ensino

Art. 6º O Ministério da Educação e Cultura exercerá as atribuições do Poder Público Federal em matéria de educação.*

Parágrafo único. O ensino militar será regulado por lei especial.

Art. 6° O Ministério da Educação e do Desporto exerce as atribuições do poder público federal em matéria de educação, cabendo-lhe formular e avaliar a política nacional de educação, zelar pela qualidade do ensino e velar pelo cumprimento das leis que o regem. (Alterado pela Lei n. 9.131, de 24/11/95)

§ 1° No desempenho de suas funções, o Ministério da Educação e do Desporto contará com a colaboração do Conselho Nacional de Educação e das Câmaras que o compõem.

§ 2° Os conselheiros exercem função de interesse público relevante, com precedência sobre quaisquer outros

---

* Os artigos 6, 7, 8 e 9 foram alterados inicialmente pela Medida Provisória n. 661, de 18/10/94, reeditada com conteúdo igual ou alterado pelas MPs ns. 711/94, 765/94, 830/95, 891/95, 938/95, 967/95, 992/95, 1.018/95, 1.041/95, 1.067/95, 1.094/95, 1.126/95 e 1.159/95.

cargos públicos de que sejam titulares e, quando convocados, farão jus a transporte, diárias e *jetons* **de presença, a serem fixados pelo Ministro de Estado da Educação e do Desporto.**

§ 3° O ensino militar será regulado por lei especial. (Alterado pela Lei n. 9.131, de 24/11/95)

Art. 7º Ao Ministério da Educação e Cultura incumbe velar pela observância das leis do ensino e pelo cumprimento das decisões do Conselho Federal de Educação.

Art. 7° O Conselho Nacional de Educação, composto pelas Câmaras de Educação Básica e de Educação Superior, terá atribuições normativas, deliberativas e de assessoramento ao Ministro de Estado da Educação e do Desporto, de forma a assegurar a participação da sociedade no aperfeiçoamento da educação nacional.

§ 1° Ao Conselho Nacional de Educação, além de outras atribuições que lhe forem conferidas por lei, compete:

a) subsidiar a elaboração e acompanhar a execução do Plano Nacional de Educação;

b) manifestar-se sobre questões que abranjam mais de um nível ou modalidade de ensino;

c) assessorar o Ministério da Educação e do Desporto no diagnóstico dos problemas e deliberar sobre medidas para aperfeiçoar os sistemas de ensino, especialmente no que diz respeito à integração dos seus diferentes níveis e modalidades;

d) emitir parecer sobre assuntos da área educacional, por iniciativa de seus conselheiros ou quando solicitado pelo Ministro de Estado da Educação e do Desporto;

e) manter intercâmbio com os sistemas de ensino dos Estados e do Distrito Federal;

f) analisar e emitir parecer sobre questões relativas à aplicação da legislação educacional, no que diz respeito à integração entre os diferentes níveis e modalidades de ensino;

g) elaborar o seu regimento, a ser aprovado pelo Ministro de Estado da Educação e do Desporto.

§ 2° O Conselho Nacional de Educação reunir-se-á ordinariamente a cada dois meses e suas Câmaras, mensalmente e, extraordinariamente, sempre que convocado pelo Ministro de Estado da Educação e do Desporto.

§ 3° O Conselho Nacional de Educação será presidido por um de seus membros, eleito por seus pares para mandato de dois anos, vedada a reeleição imediata.

§ 4° O Ministro de Estado da Educação e do Desporto presidirá as sessões a que comparecer. (Alterado pela Lei n. 9.131, de 24/11/95)

Art. 8° O Conselho Federal de Educação será constituído por vinte e quatro membros, nomeados pelo Presidente da República, por seis anos, dentre pessoas de notável saber e experiência, em matéria de educação.

§ 1° Na escolha dos membros do Conselho, o Presidente da República levará em consideração a necessidade de neles serem devidamente representadas as diversas regiões do País, os diversos graus do ensino e o magistério oficial e particular.

§ 2° De dois em dois anos, cessará o mandato de um terço dos membros do Conselho, permitida a recondução por uma só vez. Ao ser constituído o Conselho, um terço de seus membros terá mandato apenas de dois anos, e um terço, de quatro anos.

§ 2° De dois em dois anos, cessará o mandato de um terço dos membros do Conselho Federal de Educação, vedada a recondução do Conselheiro que haja exercido dois

mandatos completos e consecutivos. (Alterado pelo Decreto--Lei n. 922, de 10/10/69)

§ 3º Em caso de vaga, a nomeação do substituto será para completar o prazo de mandato do substituído.

§ 4º O Conselho Federal de Educação será dividido em câmaras para deliberar sobre assuntos pertinentes ao ensino primário, médio e superior, e se reunirá em sessão plena para decidir sobre matéria de caráter geral.

§ 5º As funções de conselheiro são consideradas de relevante interesse nacional, e o seu exercício tem prioridade sobre o de quaisquer cargos públicos de que sejam titulares ou conselheiros. Estes terão direito a transporte, quando convocados, e às diárias ou *jeton* de presença, a serem fixadas pelo Ministro da Educação e Cultura, durante o período das reuniões.

Art. 8º A Câmara de Educação Básica e a Câmara de Educação Superior serão constituídas, cada uma, por doze conselheiros, sendo membros natos, na Câmara de Educação Básica, o Secretário de Educação Fundamental e, na Câmara de Educação Superior, o Secretário de Educação Superior, ambos do Ministério da Educação e do Desporto e nomeados pelo Presidente da República.

§ 1º A escolha e nomeação dos conselheiros será feita pelo Presidente da República, sendo que pelo menos a metade, obrigatoriamente, dentre os indicados em listas elaboradas especialmente para cada Câmara, mediante consulta a entidades da sociedade civil relacionadas às áreas de atuação dos respectivos colegiados.

§ 2º Para a Câmara de Educação Básica a consulta envolverá, necessariamente, indicações formuladas por entidades nacionais, públicas e particulares, que congreguem os docentes, dirigentes de instituições de ensino e

os Secretários de Educação dos Municípios, dos Estados e do Distrito Federal.

3° Para a Câmara de Educação Superior a consulta envolverá, necessariamente, indicações formuladas por entidades nacionais, públicas e particulares, que congreguem os reitores de universidades, diretores de instituições isoladas, os docentes, os estudantes e segmentos representativos da comunidade científica.

§ 4° A indicação, a ser feita por entidades e segmentos da sociedade civil, deverá incidir sobre brasileiros de reputação ilibada, que tenham prestado serviços relevantes à educação, à ciência e à cultura.

§ 5° Na escolha dos nomes que comporão as Câmaras, o Presidente da República levará em conta a necessidade de estarem representadas todas as regiões do país e as diversas modalidades de ensino, de acordo com a especificidade de cada colegiado.

§ 6° Os conselheiros terão mandato de quatro anos, permitida uma recondução para o período imediatamente subsequente, havendo renovação de metade das Câmaras a cada dois anos, sendo que, quando da constituição do Conselho, metade de seus membros serão nomeados com mandato de dois anos.

§ 7° Cada Câmara será presidida por um conselheiro escolhido por seus pares, vedada a escolha do membro nato, para mandato de um ano, permitida uma única reeleição imediata. (Alterado pela Lei n. 9.131, de 24/11/95)

Art. 9° Ao Conselho Federal de Educação, além de outras atribuições conferidas por lei, compete:

a) decidir sobre o funcionamento dos estabelecimentos isolados de ensino superior, federais e particulares;

b) decidir sobre o reconhecimento das universidades, mediante a aprovação dos seus estatutos e dos estabelecimentos isolados de ensino superior, depois de um prazo de funcionamento regular de, no mínimo, dois anos;

c) pronunciar-se sobre os relatórios anuais dos institutos referidos nas alíneas anteriores;

d) opinar sobre a incorporação de escolas ao sistema federal de ensino, após verificação da existência de recursos orçamentários;

e) indicar disciplinas obrigatórias para os sistemas de ensino médio (artigo 35, parágrafo 1º) e estabelecer a duração e o currículo mínimo dos cursos de ensino superior, conforme o disposto no artigo 70;

f) ~~elaborar anualmente o plano de aplicação dos recursos federais destinados à educação (artigo 93) e os quantitativos globais das bolsas de estudo e dos financiamentos para os diversos graus de ensino, a serem atribuídos a cada unidade da Federação (art. 94, § 2º)~~ — (VETO PRESIDENCIAL, MANTIDO PELO CONGRESSO);

g) promover sindicâncias, por meio de comissões especiais, em quaisquer estabelecimentos de ensino, sempre que julgar conveniente, tendo em vista o fiel cumprimento desta lei;

h) elaborar seu regimento, a ser aprovado pelo Presidente da República;

i) conhecer dos recursos interpostos pelos candidatos ao magistério federal e decidir sobre eles;

j) sugerir medidas para organização e funcionamento do sistema federal de ensino;

l) promover e divulgar estudos sobre os sistemas estaduais de ensino;

m) adotar ou propor modificações e medidas que visem à expansão e ao aperfeiçoamento do ensino;

n) estimular a assistência social escolar;

o) emitir pareceres sobre assuntos e questões de natureza pedagógica e educativa que lhe sejam submetidos pelo Presidente da República ou pelo Ministro da Educação e Cultura;

p) manter intercâmbio com os conselhos estaduais de educação;

q) analisar anualmente as estatísticas do ensino e os dados complementares.

§ 1º Dependem de homologação do Ministro da Educação e Cultura os atos compreendidos nas letras *a, b, d, e, f, h* e *i;*

§ 2º A autorização e a fiscalização dos estabelecimentos estaduais isolados de ensino superior caberão aos conselhos estaduais de educação na forma da lei estadual respectiva.

Art. 9º As Câmaras emitirão pareceres e decidirão, privativa e autonomamente, os assuntos a elas pertinentes, cabendo, quando for o caso, recurso ao Conselho Pleno.

§ 1º São atribuições da Câmara de Educação Básica:

a) examinar os problemas da educação infantil, do ensino fundamental, da educação especial e do ensino médio e tecnológico e oferecer sugestões para sua solução;

b) analisar e emitir parecer sobre os resultados dos processos de avaliação dos diferentes níveis e modalidades mencionados na alínea anterior;

c) deliberar sobre as diretrizes curriculares propostas pelo Ministério da Educação e do Desporto;

d) colaborar na preparação do Plano Nacional de Educação e acompanhar sua execução, no âmbito de sua atuação;

e) assessorar o Ministro de Estado da Educação e do Desporto em todos os assuntos relativos à educação básica;

f) manter intercâmbio com os sistemas de ensino dos Estados e do Distrito Federal, acompanhando a execução dos respectivos Planos de Educação;

g) analisar as questões relativas à aplicação da legislação referente à educação básica;

§ 2° São atribuições da Câmara de Educação Superior:

a) analisar e emitir parecer sobre os resultados dos processos de avaliação da educação superior; (Revogado pela Medida Provisória n. 147, de 15/12/03, que se converteu na Lei n. 10.861, de 2004)

b) oferecer sugestões para a elaboração do Plano Nacional de Educação e acompanhar sua execução, no âmbito de sua atuação;

c) deliberar sobre as diretrizes curriculares propostas pelo Ministério da Educação e do Desporto, para os cursos de graduação;

d) deliberar sobre os relatórios encaminhados pelo Ministério da Educação e do Desporto sobre o reconhecimento de cursos e habilitações oferecidos por instituições de ensino superior, assim como sobre autorização prévia daqueles oferecidos por instituições não universitárias;

e) deliberar sobre a autorização, o credenciamento e o recredenciamento periódico de instituições de educação superior, inclusive de universidades, com base em relatórios e avaliações apresentados pelo Ministério da Educação e do Desporto;

f) deliberar sobre os estatutos das universidades e o regimento das demais instituições de educação superior que fazem parte do sistema federal de ensino;

g) deliberar sobre os relatórios para reconhecimento periódico de cursos de mestrado e doutorado, elaborados pelo Ministério da Educação e do Desporto, com base na avaliação dos cursos;

h) analisar questões relativas à aplicação da legislação referente à educação superior;

i) assessorar o Ministro de Estado da Educação e do Desporto nos assuntos relativos à educação superior.

§ 3° As atribuições constantes das alíneas *d*, *e* e *f* do parágrafo anterior poderão ser delegadas, em parte ou no todo, aos Estados e ao Distrito Federal.

§ 4° O recredenciamento a que se refere a alínea *e* do § 2° deste artigo poderá incluir determinação para a desativação de cursos e habilitações. (Alterada pela Lei n. 9.131, de 24/11/95)

Art. 9º, º § 2º ...

d) deliberar sobre as normas a serem seguidas pelo Poder Executivo para a autorização, o reconhecimento, a renovação e a suspensão do reconhecimento de cursos e habilitações oferecidos por instituições de ensino superior;

e) deliberar sobre as normas a serem seguidas pelo Poder Executivo para o credenciamento, o recredenciamento periódico e o descredenciamento de instituições de ensino superior integrantes do Sistema Federal de Ensino, bem assim a suspensão de prerrogativas de autonomia das instituições que dessas gozem, no caso de desempenho insuficiente de seus cursos no Exame Nacional de Cursos e nas demais avaliações conduzidas pelo Ministério da Educação;

f) deliberar sobre o credenciamento e o recredenciamento periódico de universidades e centros universitários, com base em relatórios e avaliações apresentados pelo Ministério da Educação, bem assim sobre seus respectivos estatutos; (...)

j) deliberar sobre processos de reconhecimento de cursos e habilitações oferecidos por instituições de ensino superior, assim como sobre autorização prévia daqueles ofe-

recidos por instituições não universitárias, por iniciativa do Ministério da Educação em caráter excepcional, na forma do regulamento a ser editado pelo Poder Executivo. (Alterado pela Medida Provisória n. 2.216-37, de 31/8/01.

Art. 10. Os Conselhos Estaduais de Educação, organizados pelas leis estaduais, que se constituírem com membros nomeados pela autoridade competente, incluindo representantes dos diversos graus de ensino e do magistério oficial e particular, de notório saber e experiência, em matéria de educação, exercerão as atribuições que esta lei lhes consigna.

Parágrafo único. As funções exercidas nos Conselhos referidos neste artigo são consideradas de relevante interesse, e os funcionários públicos federais que as exercerem, na qualidade de Conselheiros, terão abonadas as suas faltas ao serviço durante o período das reuniões dos respectivos Conselhos. (Acrescentado pela Lei n. 5.855, de 7/12/72).

TÍTULO V
Dos Sistemas de Ensino

Art. 11. A União, os Estados e o Distrito Federal organizarão os seus sistemas de ensino, com observância da presente lei.

Art. 12. Os sistemas de ensino atenderão à variedade dos cursos, à flexibilidade dos currículos e à articulação dos diversos graus e ramos.

Art. 13. A União organizará o ensino público dos territórios e estenderá a ação federal supletiva a todo o país, nos estritos limites das deficiências locais.

Art. 14. É da competência da União reconhecer e inspecionar os estabelecimentos particulares de ensino superior.

Art. 15. Aos Estados que, durante 5 anos, mantiverem universidade própria com funcionamento regular, serão conferidas as atribuições a que se refere a letra *b* do artigo 9º, tanto quanto aos estabelecimentos por eles mantidos, como quanto aos que posteriormente sejam criados. (Revogado provisoriamente pelas Medidas Provisórias ns. 661, de 18/10/94, 711, de 17/11/94, e 765, de 16/12/94).

Art. 16. É da competência dos Estados e do Distrito Federal autorizar o funcionamento dos estabelecimentos de ensino primário e médio não pertencentes à União, bem como reconhecê-los e inspecioná-los.

§ 1º São condições para o reconhecimento:

a) idoneidade moral e profissional do diretor e do corpo docente;

b) instalações satisfatórias;

c) escrituração escolar e arquivo que assegurem a verificação da identidade de cada aluno, e da regularidade e autenticidade de sua vida escolar;

d) garantia de remuneração condigna aos professores;

e) observância dos demais preceitos desta lei.

§ 2º ~~A inspeção dos estabelecimentos particulares se limitará a assegurar o cumprimento das exigências legais~~ (VETO MANTIDO).

§ 3º As normas para observância deste artigo e parágrafos serão fixadas pelo Conselho Estadual de Educação.

Art. 17. A instituição e o reconhecimento de escolas de grau médio pelos Estados, pelo Distrito Federal e pelos Territórios serão comunicados ao Ministério da Educação e Cultura para fins de registro e validade dos certificados ou diploma que expedirem.

Art. 18. Nos estabelecimentos oficiais de ensino médio e superior, será recusada a matrícula ao aluno reprovado mais de uma vez em qualquer série ou conjunto de disciplinas.

Art. 19. Não haverá distinção de direitos ~~para qualquer fim~~ (VETO MANTIDO) entre os estudos realizados em estabelecimentos oficiais e os realizados em estabelecimentos particulares reconhecidos.

Art. 20. Na organização do ensino primário e médio, a lei federal ou estadual atenderá:

a) à variedade de métodos de ensino e formas de atividade escolar, tendo-se em vista as peculiaridades da região e de grupos sociais;

b) ao estímulo de experiências pedagógicas com o fim de aperfeiçoar os processos educativos.

Art. 21. O ensino, em todos os graus, pode ser ministrado em escolas públicas mantidas por fundações cujo patrimônio e dotações sejam provenientes do Poder Público, ficando o pessoal que nelas servir sujeito, exclusivamente, às leis trabalhistas.

§ 1º Estas escolas, quando de ensino médio ou superior, podem cobrar anuidades, ficando sempre sujeitas a prestação de contas, perante o Tribunal de Contas, e a aplicação, em melhoramentos escolares, de qualquer saldo verificado em seu balanço anual.

§ 2º Em caso de extinção da fundação, o seu patrimônio reverterá ao Estado.

§ 3º Lei especial fixará as normas da contribuição destas fundações, organização de seus conselhos diretores e demais condições a que ficam sujeitas.

Art. 22. Será obrigatória a prática da educação física nos cursos primário e médio, até a idade de 18 anos. (Regulamentado pelo Decreto n. 58.130, de 31/3/66)

> **Art. 22. Será obrigatória a prática da educação física em todos os níveis e ramos de escolarização, com predominância esportiva no ensino superior.** (Alterado pelo Decreto-Lei n. 705, de 25/7/69)

Parágrafo único. Os cursos noturnos podem ser dispensados da prática da Educação Física. (Acrescentado pela Lei n. 5.664, de 21/6/71. Regulamentado pelo Decreto 69.450, de 1º/11/71)

TÍTULO VI
Da Educação de Grau Primário

CAPÍTULO I
Da Educação Pré-Primária

Art. 23. A educação pré-primária destina-se aos menores até sete anos e será ministrada em escolas maternais ou jardins de infância.

Art. 24. As empresas que tenham a seu serviço mães de menores de sete anos serão estimuladas a organizar e manter, por iniciativa própria ou em cooperação com os poderes públicos, instituições de educação pré-primária.

CAPÍTULO II
Do Ensino Primário

Art. 25. O ensino primário tem por fim o desenvolvimento do raciocínio e das atividades de expressão da criança, e a sua integração no meio físico e social.

Art. 26. O ensino primário será ministrado, no mínimo, em quatro séries anuais.

Parágrafo único. Os sistemas de ensino poderão estender a sua duração até seis anos, ampliando, nos dois últimos, os conhecimentos do aluno e iniciando-o em técnicas de artes aplicadas, adequadas ao sexo e à idade.

Art. 27. O ensino primário é obrigatório a partir dos sete anos e só será ministrado na língua nacional. Para os que o iniciarem depois dessa idade poderão ser formadas classes especiais ou cursos supletivos correspondentes ao seu nível de desenvolvimento.

Art. 28. A administração do ensino nos Estados, Distrito Federal e Territórios promoverá:

a) o levantamento anual do registro das crianças em idade escolar;

b) o incentivo e a fiscalização da frequência às aulas.

Art. 29. Cada município fará, anualmente, a chamada da população escolar de sete anos de idade, para matrícula na escola primária.

Art. 30. Não poderá exercer função pública, nem ocupar emprego em sociedade de economia mista ou empresa concessionária de serviço público o pai de família ou responsável por criança em idade escolar sem fazer prova de matrícula desta, em estabelecimento de ensino, ou de que lhe está sendo ministrada educação no lar.

Parágrafo único. Constituem casos de isenção, além de outros previstos em lei:

a) comprovado estado de pobreza do pai ou responsável;

b) insuficiência de escolas;

c) matrícula encerrada;

d) doença ou anomalia grave da criança.

Art. 31. As empresas industriais, comerciais e agrícolas, em que trabalhem mais de 100 pessoas, são obrigadas a manter ensino primário gratuito para os seus servidores e os filhos desses. (Regulamentado pelos Decretos ns. 51.409, de 13/2/62, e 53.453, de 20/1/64).

§ 1º Quando os trabalhadores não residirem próximo ao local de sua atividade, esta obrigação poderá ser substituída por instituição de bolsas, na forma que a lei estadual estabelecer.

§ 2º Compete à administração do ensino local, com recurso para o Conselho Estadual de Educação, zelar pela obediência ao disposto neste artigo.

Art. 32. Os proprietários rurais que não puderem manter escolas primárias para as crianças residentes em suas glebas deverão facilitar-lhes a frequência às escolas mais próximas, ou propiciar a instalação e funcionamento de escolas públicas em suas propriedades.

TÍTULO VII
Da Educação de Grau Médio

CAPÍTULO I
Do Ensino Médio

Art. 33. A educação de grau médio, em prosseguimento à ministrada na escola primária, destina-se à formação do adolescente.

Art. 34. O ensino médio será ministrado em dois ciclos, o ginasial e o colegial, e abrangerá, entre outros, os cursos secundários, técnicos e de formação de professores para o ensino primário e pré-primário.

Art. 35. Em cada ciclo haverá disciplinas e práticas educativas, obrigatórias e optativas.

§ 1° Ao Conselho Federal de Educação compete indicar, para todos os sistemas de ensino médio, até cinco disciplinas obrigatórias, cabendo aos conselhos estaduais de educação completar o seu número e relacionar as de caráter optativo que podem ser adotadas pelos estabelecimentos de ensino.

§ 2° O Conselho Federal e os conselhos estaduais, ao relacionarem as disciplinas obrigatórias, na forma do parágrafo anterior, definirão a amplitude e o desenvolvimento dos seus programas em cada ciclo.

§ 3° O currículo das duas primeiras séries do 1° ciclo será comum a todos os cursos de ensino médio no que se refere às matérias obrigatórias.

Art. 36. O ingresso na primeira série do 1° ciclo dos cursos de ensino médio depende de aprovação em exame de admissão, em que fique demonstrada satisfatória educação primária, desde que o educando tenha onze anos completos ou venha a alcançar essa idade no correr do ano letivo.

Parágrafo único. Ao aluno que houver concluído a 6ª série primária será facultado o ingresso na 2ª série do 1º ciclo, de qualquer curso de grau médio, mediante exame das disciplinas obrigatórias da 1ª série (VETO REJEITADO PELO CONGRESSO, QUE RESTABELECEU O PARÁGRAFO).

Art. 37. Para matrícula na 1ª série do ciclo colegial, será exigida conclusão do ciclo ginasial ou equivalente.

Art. 38. Na organização do ensino de grau médio serão observadas as seguintes normas:

I — Duração mínima do período escolar:

a) cento e oitenta dias de trabalho escolar efetivo, não incluído o tempo reservado a provas e exames;

b) vinte e quatro horas semanais de aulas para o ensino de disciplinas e práticas educativas.

II — cumprimento dos programas elaborados tendo-se em vista o período de trabalho escolar;

III — formação moral e cívica do educando, através de processo educativo que a desenvolva;

IV — atividades complementares de iniciação artística;

V — instituição da orientação educativa e vocacional em cooperação com a família;

VI — frequência obrigatória, só podendo prestar exame final, em primeira época, o aluno que houver comparecido, no mínimo, a 75% das aulas dadas.

Art. 39. A apuração do rendimento escolar ficará a cargo dos estabelecimentos de ensino, aos quais caberá expedir certificados de conclusão de séries e ciclos e diplomas de conclusão de cursos.

§ 1º Na avaliação do aproveitamento do aluno preponderarão os resultados alcançados, durante o ano letivo, nas atividades escolares, asseguradas ao professor, nos exames e provas, liberdade de formulação de questões e autoridade de julgamento.

§ 2º Os exames serão prestados perante comissão examinadora, formada de professores do próprio estabelecimento, e, se este for particular, sob fiscalização da autoridade competente.

Art. 40. Respeitadas as disposições desta lei, compete ao Conselho Federal de Educação, e aos conselhos estaduais de educação, respectivamente, dentro dos seus sistemas de ensino:

a) organizar a distribuição das disciplinas obrigatórias fixadas para cada curso, dando especial relevo ao ensino de português;

b) permitir aos estabelecimentos de ensino escolher livremente até duas disciplinas optativas para integrarem o currículo de cada curso;

c) dar aos cursos que funcionarem à noite, a partir das 18 horas, estruturação própria, inclusive a fixação do número de dias de trabalho escolar efetivo, segundo as peculiaridades de cada curso.

Art. 41. Será permitida aos educandos a transferência de um curso de ensino médio para outro, mediante adaptação, prevista no sistema de ensino.

Art. 42. O Diretor da escola deverá ser educador qualificado.

Art. 43. Cada estabelecimento de ensino médio disporá em regimento ou estatutos sobre a sua organização, a constituição dos seus cursos, e o seu regime administrativo, disciplinar e didático.

CAPÍTULO II
Do Ensino Secundário

Art. 44. O ensino secundário admite variedade de currículos, segundo as matérias optativas que forem preferidas pelos estabelecimentos.

§ 1º O ciclo ginasial terá a duração de quatro séries anuais e o colegial, de três no mínimo.

§ 2º Entre as disciplinas e práticas educativas de caráter optativo no 1º e 2º ciclos, será incluída uma vocacional, dentro das necessidades e possibilidades locais.

Art. 45. No ciclo ginasial serão ministradas nove disciplinas.

Parágrafo único. Além das práticas educativas, não poderão ser ministradas menos de 5 nem mais de 7 disciplinas em cada série, das quais uma ou duas devem ser optativas e de livre escolha do estabelecimento para cada curso.

Art. 46. Nas duas primeiras séries do ciclo colegial, além das práticas educativas, serão ensinadas oito disciplinas, das quais uma ou duas optativas, de livre escolha pelo estabelecimento, sendo no mínimo cinco e no máximo sete em cada série.

§ 1º Deverá merecer especial atenção o ensino do português, nos seus aspectos linguísticos, históricos e literários.

§ 2º A terceira série do ciclo colegial será organizada com currículo diversificado, que vise ao preparo dos alunos para os cursos superiores e compreenderá, no mínimo, quatro e, no máximo, seis disciplinas, podendo ser ministrada em colégios universitários.

CAPÍTULO III
Do Ensino Técnico

Art. 47. O ensino técnico de grau médio abrange os seguintes cursos:

a) industrial;

b) agrícola;

c) comercial.

Parágrafo único. Os cursos técnicos de nível médio não especificados nesta lei serão regulamentados nos diferentes sistemas de ensino.

Art. 48. Para fins de validade nacional, os diplomas dos cursos técnicos de grau médio serão registrados no Ministério da Educação e Cultura.

Art. 49. Os cursos industrial, agrícola e comercial serão ministrados em dois ciclos: o ginasial, com a duração de quatro anos, e o colegial, no mínimo de três anos.

§ 1º As duas últimas séries do 1° ciclo incluirão, além das disciplinas específicas de ensino técnico, quatro do curso ginasial secundário, sendo uma optativa.

§ 2º O 2° ciclo incluirá, além das disciplinas específicas do ensino técnico, cinco do curso colegial secundário, sendo uma optativa.

§ 3º As disciplinas optativas serão de livre escolha do estabelecimento.

§ 4º Nas escolas técnicas e industriais, poderá haver, entre o primeiro e o segundo ciclos, um curso pré-técnico de um ano, onde serão ministradas as cinco disciplinas de curso colegial secundário.

§ 5º No caso de instituição do curso pré-técnico, previsto no parágrafo anterior, no segundo ciclo industrial poderão ser ministradas apenas as disciplinas específicas do ensino técnico.

Art. 50. Os estabelecimentos de ensino industrial poderão, além dos cursos referidos no artigo anterior, manter cursos de aprendizagem, básicos ou técnicos, bem como cursos de artesanato e de mestria, ~~estes últimos com a duração de quatro anos divididos em dois períodos iguais, o primeiro denominado "de artesanato" e o segundo "de mestria"~~ — (VETO MANTIDO).

Parágrafo único. Será permitido, em estabelecimentos isolados, o funcionamento dos cursos referidos neste artigo.

Art. 51. As empresas industriais e comerciais são obrigadas a ministrar, em cooperação, aprendizagem de ofícios e técnicas de trabalho aos menores seus empregados, dentro das normas estabelecidas pelos diferentes sistemas de ensino.

§ 1º Os cursos de aprendizagem industrial e comercial terão de uma a três séries anuais de estudos.

§ 2º Os portadores de carta de ofício ou certificado de conclusão de curso de aprendizagem poderão matricular-se, mediante exame de habilitação, nos ginásios de ensino técnico, em série adequada ao grau de estudos a que hajam atingido no curso referido.

Art. 51. As empresas públicas e privadas são obrigadas a ministrar, em cooperação, aprendizagem de ofícios e técnicas de trabalho aos menores seus empregados, dentro das normas estabelecidas pelos diferentes sistemas de ensino.

Parágrafo único. Os portadores de carta-de-ofício ou certificado de conclusão de curso de aprendizagem poderão matricular-se nos estabelecimentos de ensino médio, em série adequada ao grau de estudos a que hajam atingido no curso referido. (Alterado pelo Decreto-Lei n. 937, de 13/10/69)

CAPÍTULO IV
Da Formação do Magistério para o Ensino Primário e Médio

Art. 52. O ensino normal tem por fim a formação de professores, orientadores, supervisores e administradores escolares destinados ao ensino primário, e o desenvolvimento dos conhecimentos técnicos relativos à educação da infância.

Art. 53. A formação de docentes para o ensino primário far-se-á:

a) em escola normal de grau ginasial, no mínimo de quatro séries anuais, onde, além das disciplinas obrigatórias do curso secundário ginasial, será ministrada preparação pedagógica;

b) em escola normal de grau colegial, de três séries anuais, no mínimo, em prosseguimento ao ~~curso normal de~~ (VETO MANTIDO) grau ginasial.

Art. 54. As escolas normais de grau ginasial expedirão o diploma de regente de ensino primário, e, as de grau colegial, o de professor primário.

Art. 55. Os institutos de educação, além dos cursos de grau médio referidos no artigo 53, ministrarão cursos de especialização, de administradores escolares e de aperfeiçoamento, abertos aos graduados em escolas normais de grau colegial.

Art. 56. Os sistemas de ensino estabelecerão os limites dentro dos quais os regentes poderão exercer o magistério primário.

Art. 57. A formação de professores, orientadores e supervisores para as escolas rurais primárias poderá ser feita em estabelecimentos que lhes prescrevem a integração no meio.

Art. 58. Os que se graduarem nos cursos referidos nos artigos 53 e 55, em estabelecimentos oficiais ou particulares reconhecidos, terão igual direito a ingresso no magistério primário, oficial ou particular, cabendo aos Estados e ao Distrito Federal regulamentar o disposto neste artigo (VETO REJEITADO PELO CONGRESSO, QUE RESTABELECEU O ARTIGO).

Art. 59. A formação de professores para o ensino médio será feita nas faculdades de filosofia, ciências e letras e a de professores de disciplinas específicas de ensino médio técnico em cursos especiais de educação técnica.

Parágrafo único. Nos institutos de educação poderão funcionar cursos de formação de professores para o ensino normal, dentro das normas estabelecidas para os cursos pedagógicos das faculdades de filosofia, ciências e letras.

Art. 60. O provimento efetivo em cargo de professor nos estabelecimentos oficiais de ensino médio será feito por meio de concurso de títulos e provas ~~em que só se poderão inscrever os graduados pelas escolas e cursos referidos no artigo anterior~~ (VETO MANTIDO)

Art. 61. O magistério nos estabelecimentos ~~particulares~~ (VETO MANTIDO) de ensino médio só poderá ser exercido por professores registrados no órgão competente.

TÍTULO VIII
Da Orientação Educativa e da Inspeção

Art. 62. A formação do orientador de educação será feita em cursos especiais que atendam às condições do grau do tipo de ensino e do meio social a que se destinam.

Art. 63. Nas faculdades de filosofia será criado, para a formação de orientadores de educação do ensino médio, curso especial a que terão acesso os licenciados em pedagogia, filosofia, psicologia ou ciências sociais, bem como os diplomados em Educação Física pelas Escolas Superiores de Educação Física e os inspetores federais de ensino, todos com estágio mínimo de três anos no magistério.

Art. 64. Os orientadores de educação do ensino primário serão formados nos institutos de educação em curso especial a que terão acesso os diplomados em escolas normais de grau colegial e em institutos de educação, com estágio mínimo de três anos no magistério primário.

Art. 65. O inspetor de ensino, escolhido por concurso público de títulos e provas ~~ou por promoção na carreira~~ (VETO MANTIDO), deve possuir conhecimentos técnicos e pedagógicos demonstrados de preferência no exercício de funções de magistério de auxiliar de administração escolar ou na direção de estabelecimento de ensino. (Regulamentado pelo Decreto n. 52.683, de 14/10/63)

TÍTULO IX
Da Educação de Grau Superior

CAPÍTULO I
Do Ensino Superior*

Art. 66. O ensino superior tem por objetivo a pesquisa, o desenvolvimento das ciências, letras e artes, e a formação de profissionais de nível universitário.

* Os artigos 66 a 87 foram revogados pelo Decreto-Lei n. 464, de 11/2/69)

Art. 67. O ensino superior será ministrado em estabelecimentos, agrupados ou não em universidades, com a cooperação de institutos de pesquisa e centros de treinamento profissional.

Art. 68. Os diplomas expedidos pelas universidades ou pelos estabelecimentos isolados de ensino superior oficiais ou reconhecidos serão válidos em todo o território nacional.

Parágrafo único. Os diplomas que conferem privilégio para o exercício de profissões liberais ou para a admissão a cargos públicos, ficam sujeitos a registro no Ministério da Educação e Cultura, podendo a lei exigir a prestação de exames e provas de estágio perante os órgãos de fiscalização e disciplina das profissões respectivas. (Regulamentado pelo Decreto n. 55.175, de 10/12/64)

Art. 69. Nos estabelecimentos de ensino superior podem ser ministrados os seguintes cursos:

a) de graduação, abertos à matrícula de candidatos que hajam concluído o ciclo colegial ou equivalente, e obtido classificação em concurso de habilitação;

b) de pós-graduação, abertos à matrícula de candidatos que hajam concluído o curso de graduação e obtido o respectivo diploma;

c) de especialização, aperfeiçoamento e extensão, ou quaisquer outros, a juízo do respectivo instituto de ensino, abertos a candidatos com o preparo e os requisitos que vierem a ser exigidos.

Art. 70. O currículo mínimo e a duração dos cursos que habilitem à obtenção de diploma capaz de assegurar privilégios para o exercício da profissão liberal ~~ou admissão a cargos públicos~~ (VETO MANTIDO) serão fixados pelo Conselho Federal de Educação.

Parágrafo único. ~~A modificação do currículo ou da duração de qualquer desses cursos, em um ou mais estabelecimentos integrantes de uma universidade, depende da aprovação prévia~~

~~do mesmo Conselho, que terá a faculdade de revogá-la se os resultados obtidos não se mostrarem vantajosos para o ensino~~ (VETO MANTIDO).

Art. 71. O programa de cada disciplina sob forma de plano de ensino será organizado pelo respectivo professor e aprovado pela congregação do estabelecimento.

Art. 72. Será observado, em cada estabelecimento de ensino superior, na forma dos estatutos e regulamentos respectivos, o calendário escolar, aprovado pela congregação, de modo que o período letivo tenha a duração mínima de 180 (cento e oitenta) dias de trabalho escolar efetivo, não incluindo o tempo reservado a provas e exames.

Art. 73. Será obrigatória, em cada estabelecimento, a frequência de professores e alunos, bem como a execução dos programas de ensino.

§ 1º Será privado do direito de prestar exames o aluno que deixar de comparecer a um mínimo de aulas e exercícios previstos no regulamento.

§ 2º O estabelecimento deverá promover ou qualquer interessado poderá requerer o afastamento temporário do professor que deixar de comparecer, sem justificação, a 25% das aulas e exercícios ou não ministrar pelo menos 3/4 do programa da respectiva cadeira.

§ 3º A reincidência do professor na falta prevista na alínea anterior importará, para os fins legais, em abandono de cargo.

Art. 74 e seus parágrafos (VETOS MANTIDOS)

~~Art. 74. O ensino das disciplinas obrigatórias dos cursos de graduação será ministrado por professor catedrático nomeado por concurso de títulos e provas ou transferido de outro estabelecimento onde tenha sido nomeado após o concurso equivalente.~~

~~§ 1º É lícito às Congregações, tendo em vista o interesse do ensino, prover temporariamente as cátedras mediante contrato por tempo limitado.~~

~~§ 2º O ensino das disciplinas facultativas e das que se ministrem nos cursos de pós-graduação, especialização, aperfeiçoamento e extensão, ficará sempre a cargo de professores contratados por tempo limitado. Excetuam-se desta norma os cursos de pós-graduação que sejam ministrados em estabelecimentos de ensino superior especial e que expeçam diplomas sujeitos a registro no Ministério da Educação e Cultura.~~

~~§ 3º Nos cursos de graduação das escolas superiores particulares, o magistério poderá ser constituído de livre-docentes e, a título precário, de profissionais brasileiros ou estrangeiros, com títulos equivalentes, mediante normas estabelecidas pelo Conselho Federal de Educação.~~

~~§ 4º Não é permitido, no mesmo estabelecimento, a acumulação de cátedras, salvo em caso de substituição temporária, pelo prazo máximo de dois anos.~~

~~§ 5º Os estabelecimentos de ensino superior são obrigados a abrir, de dois em dois anos pelo menos, concurso para a docência livre das disciplinas regidas por professores catedráticos e assegurar ao docente livre o direito de reger curso paralelo, equiparado ao de catedrático, substituindo-o em caso de impedimento ou de vaga, observado o rodízio anual.~~

~~§ 6º As Universidades e os estabelecimentos isolados regulamentarão as funções dos auxiliares de ensino.~~

~~§ 7º Os professores e auxiliares de ensino devem ser postos em regime de tempo integral à medida que o permitam as possibilidades do estabelecimento.~~

Art. 75 e seus incisos e parágrafos (VETOS MANTIDOS)

~~Art. 75. O concurso de títulos e provas a que se submeterão os candidatos à cátedra, nos estabelecimentos de ensino superior, obedecerá às seguintes normas:~~

~~I — idoneidade intelectual, comprovada por diploma de curso superior onde se ensine a matéria em concurso ou por publicação de obras e trabalhos com ela relacionados que~~

~~demonstre, a juízo da Congregação, a plena capacidade do candidato;~~

~~II — idoneidade moral, julgada pela Congregação antes de realizadas as provas;~~

~~III — julgamento do concurso por comissão constituída de professores catedráticos do estabelecimento e, em maioria, por especialistas estranhos ao corpo docente, eleitos pelo órgão de administração designado no regulamento ou nos estatutos;~~

~~IV — apreciação, pela comissão julgadora, dos títulos dos candidatos e atribuição de notas que exprimam o seu julgamento;~~

~~V — prestação de provas públicas, compreendendo defesa de tese original, da exclusiva autoria do candidato, e mais duas provas, uma didática e a outra escrita ou prática, conforme a natureza da cadeira;~~

~~VI — apuração do resultado do concurso mediante maioria de indicações obtidas, e aprovação pela Congregação desse resultado, com recurso de nulidade para o Conselho Universitário ou, em se tratando de estabelecimento isolado, para o Conselho Estadual ou Federal de Educação;~~

~~VII — aos demais candidatos aprovados no concurso com média superior a sete será outorgado o título de livre-docente.~~

~~§ 1º Verificando-se a vaga de professor catedrático ou criação de nova cadeira, a Congregação abrirá concurso de títulos e provas ou proverá a cátedra, por prazo não superior a três anos, mediante contrato.~~

~~§ 2º O concurso será aberto por edital pelo prazo mínimo de um ano, podendo, nos primeiros trinta dias, qualquer professor catedrático da mesma disciplina em outro estabelecimento, candidatar-se à transferência, mediante simples concurso de títulos.~~

~~§ 3º O concurso de títulos para transferência de professores será julgado por comissão constituída na forma da alínea III, reabrindo-se o prazo do edital se a comissão opinar contra a transferência, ou se o seu parecer favorável não for aprovado pela Congregação.~~

~~§ 4º As Congregações que não disponham de professores catedráticos em número suficiente para praticar atos regimentais relativos aos concursos serão integradas, para esse fim, por catedráticos de outras escolas, por ela indicados e aprovados pelo Conselho Universitário; em se tratando de estabelecimento isolado federal ou particular, pelo Conselho Federal de Educação e, em se tratando de estabelecimento isolado estadual ou municipal, pelo Conselho Estadual de Educação~~.

Art. 76. Nos estabelecimentos oficiais federais de ensino superior, os diretores serão nomeados pelo Presidente da República dentre os professores catedráticos efetivos em exercício, eleitos em lista tríplice pela congregação respectiva, em escrutínios secretos, podendo os mesmos ser reconduzidos duas vezes.

Art. 77. Nenhuma faculdade de filosofia, ciências e letras funcionará inicialmente com menos de quatro de seus cursos de bacharelado, que abrangerão obrigatoriamente as seções de ~~filosofia~~ (VETO MANTIDO) ciências e letras.

Art. 78. O corpo discente terá representação, com direito a voto, nos conselhos universitários, nas congregações, e nos conselhos departamentais das universidades e escolas superiores isoladas, na forma dos estatutos das referidas entidades.

CAPÍTULO II
Das Universidades

Art. 79. As universidades constituem-se pela reunião, sob administração comum, de cinco ou mais estabelecimentos de ensino superior ~~um dos quais deve ser uma faculdade de filosofia, ciências e letras~~ (VETO MANTIDO).

§ 1º O Conselho Federal de Educação poderá dispensar, a seu critério, os requisitos mencionados no artigo acima, na criação de universidades rurais e outras de objetivo especializado.

§ 2º Além dos estabelecimentos de ensino superior, integram-se na universidade institutos de pesquisas e ~~centros~~ (VETO MANTIDO) de aplicação e treinamento profissional.

§ 3º A universidade pode instituir colégios universitários destinados a ministrar o ensino da 3ª (terceira) série do ciclo colegial. Do mesmo modo pode instituir colégios técnicos universitários quando nela exista curso superior em que sejam desenvolvidos os mesmos estudos. Nos concursos de habilitação não se fará qualquer distinção entre candidatos que tenham cursado esses colégios e os que provenham de outros estabelecimentos de ensino médio.

§ 4º O ensino nas universidades é ministrado nos estabelecimentos e nos órgãos complementares, podendo o aluno inscrever-se em disciplinas lecionadas em cursos diversos, se houver compatibilidade de horários e não se verificar inconveniente didático, a juízo da autoridade escolar.

§ 5º Ao Conselho Universitário compete estabelecer as condições de equivalência entre os estudos feitos nos diferentes cursos.

Art. 80. As Universidades gozarão de autonomia didática, administrativa, financeira e disciplinar, que será exercida na forma de seus estatutos.

§§ 1º, 2º e 3º e alíneas (VETOS REJEITADOS PELO CONGRESSO, QUE RESTABELECEU O SEU CONTEÚDO).

"§ 1º A autonomia didática consiste na faculdade:

a) de criar e organizar cursos, fixando os respectivos currículos;

b) de estabelecer o regime didático e escolar dos diferentes cursos, sem outras limitações a não ser as constantes da presente lei.

§ 2º A autonomia administrativa consiste na faculdade:

a) de elaborar e reformar, com a aprovação do Conselho Federal de Educação ou Estadual de Educação, os próprios estatutos e os regimentos dos estabelecimentos de ensino;

b) de indicar o reitor, mediante lista tríplice, para aprovação ou escolha pelo governo, nas universidades oficiais, podendo o mesmo ser reconduzido duas vezes;

c) de indicar o reitor nas universidades particulares, mediante eleição singular ou lista tríplice, para aprovação ou escolha pelo instituidor ou Conselho de Curadores;

d) de contratar professores e auxiliares de ensino e nomear catedráticos ou indicar, nas universidades oficiais, o candidato aprovado em concurso para nomeação pelo governo;

e) de admitir e demitir quaisquer empregados, dentro de suas dotações orçamentárias ou recursos financeiros.

§ 3º A autonomia financeira consiste na faculdade:

a) de administrar o patrimônio e dele dispor, na forma prevista no ato de constituição, ou nas leis federais e estaduais aplicáveis;

b) de aceitar subvenções, heranças e legados;

c) de organizar e executar o orçamento anual de sua receita e despesa, devendo os responsáveis pela aplicação de recursos prestar contas anuais."

Art. 81. As universidades ("oficiais" — VETO REJEITADO) serão constituídas sob a forma de autarquias ("ou" — VETO REJEITADO) fundações; ("as universidades particulares sob a de fundações" — VETO REJEITADO) ou associações. A inscrição do ato constitutivo no registro civil das pessoas jurídicas será precedido de autorização por decreto do governo federal ou estadual.

Art. 82. ~~Sem prejuízo das situações jurídicas já constituídas~~ (VETO MANTIDO) Os recursos orçamentários que a União

~~os Estados e os Municípios~~ (VETO MANTIDO) consagrar à manutenção das respectivas universidades terão a forma de dotações globais, fazendo-se no orçamento da universidade a devida especificação.

Art. 83. O ensino público superior, tanto nas universidades como nos estabelecimentos isolados federais, será gratuito para quantos provarem falta ou insuficiência de recursos. (art. 168, II da Constituição).

Art. 84. O Conselho Federal de Educação, após inquérito administrativo, poderá suspender, por tempo determinado, a autonomia de qualquer universidade, oficial ou particular, por motivo de infringência desta lei ou dos próprios estatutos, chamando a si as atribuições do Conselho Universitário e nomeando um reitor *pro tempore.*

CAPÍTULO III
Dos Estabelecimentos Isolados de Ensino Superior

Art. 85. Os estabelecimentos isolados ("oficiais" — VETO REJEITADO) serão constituídos sob a forma de autarquias ("ou" — VETO REJEITADO) fundações; ("os particulares, de fundações" — VETO REJEITADO) ou associações.

Art. 86. Os estabelecimentos isolados, constituídos sob a forma de fundações, terão um conselho de curadores, com as funções de aprovar o orçamento anual, fiscalizar a sua execução e autorizar os atos do diretor não previstos no regulamento do estabelecimento.

Art. 87. A competência do Conselho Universitário em grau de recurso será exercida, no caso de estabelecimentos isolados, estaduais e municipais, pelos conselhos estaduais de educação; e, no caso de estabelecimentos federais ou particulares, pelo Conselho Federal de Educação.

TÍTULO X
Da Educação de Excepcionais

Art. 88. A educação de excepcionais deve, no que for possível, enquadrar-se no sistema geral de educação, a fim de integrá-los na comunidade.

Art. 89. Toda iniciativa privada considerada eficiente pelos conselhos estaduais de educação, e relativa à educação de excepcionais, receberá dos poderes públicos tratamento especial mediante bolsas de estudo, empréstimos e subvenções.

TÍTULO XI
Da Assistência Social Escolar

Art. 90. Em cooperação com outros órgãos ou não, incumbe aos sistemas de ensino, técnica e administrativamente, prover, bem como orientar, fiscalizar e estimular os serviços de assistência social, médico-odontológico e de enfermagem aos alunos.

Art. 91. A assistência social escolar será prestada nas escolas, sob a orientação dos respectivos diretores, através de serviços que atendam ao tratamento dos casos individuais, à aplicação de técnicas de grupo e à organização social da comunidade.

TÍTULO XII
Dos Recursos para a Educação

Art. 92. A União aplicará anualmente, na manutenção e desenvolvimento do ensino, 12% (doze por cento), no mínimo de sua receita de impostos e os Estados, o Distrito Federal e os Municípios, 20% (vinte por cento), no mínimo.

§ 1º Com nove décimos dos recursos federais destinados à educação, serão constituídos, em parcelas iguais, o Fundo Nacional do Ensino Primário, o Fundo Nacional do Ensino Médio e o Fundo Nacional do Ensino Superior.

§ 2º O Conselho Federal de Educação elaborará, para execução em prazo determinado, o Plano de Educação referente a cada Fundo.

§ 3º Os Estados, o Distrito Federal e os municípios, se deixarem de aplicar a percentagem prevista na Constituição Federal para a manutenção e desenvolvimento do ensino, não poderão solicitar auxílio da União para esse fim.

Art. 93. Os recursos a que se refere o art. 169 da Constituição Federal serão aplicados preferencialmente na manutenção e desenvolvimento do sistema público de ensino de acordo com os planos estabelecidos pelo Conselho Federal e pelos conselhos estaduais de educação, de sorte que se assegurem:

1. o acesso à escola do maior número possível de educandos;

2. a melhoria progressiva do ensino e o aperfeiçoamento dos serviços de educação;

3. o desenvolvimento do ensino técnico-científico;

4. o desenvolvimento das ciências, letras e artes;

§ 1º São consideradas despesas com o ensino:

a) as de manutenção e expansão do ensino;

b) as de concessão de bolsas de estudos;

c) as de aperfeiçoamento de professores, incentivo à pesquisa, e realização de congressos e conferências;

d) as de administração federal, estadual ou municipal de ensino, inclusive as que se relacionem com atividades extraescolares.

§ 2º Não são consideradas despesas com o ensino:

a) as de assistência social e hospitalar, mesmo quando ligadas ao ensino;

b) as realizadas por conta das verbas previstas nos artigos 199 da Constituição Federal e 29 do Ato das Disposições Constitucionais Transitórias;

c) os auxílios e subvenções para fins de assistência e cultural (Lei n. 1.493, de 13-12-1951).

Art. 94. A União proporcionará recursos a educandos que demonstrem necessidade e aptidão para estudos, sob duas modalidades: (regulamentado pelo Decreto n. 57.980, de 11/3/66)

a) bolsas gratuitas para custeio total ou parcial dos estudos;

b) financiamento para reembolso dentro de prazo variável, nunca superior a quinze anos.

§ 1º Os recursos a serem concedidos, sob a forma de bolsa de estudos, poderão ser aplicados em estabelecimento de ensino reconhecido, escolhido pelo candidato ou seu representante legal.

§ 2º O Conselho Federal de Educação determinará os quantitativos globais das bolsas de estudos e financiamento para os diversos graus de ensino, que atribuirá aos Estados, ao Distrito Federal e aos Territórios.

§ 3º Os conselhos estaduais de educação, tendo em vista esses recursos e os estaduais:

a) fixarão o número e os valores das bolsa, de acordo com o custo médio do ensino nos municípios e com o grau de escassez de ensino oficial em relação à população em idade escolar;

b) organizarão as provas de capacidade a serem prestadas pelos candidatos, sob condições de autenticidade e imparcialidade que assegurem oportunidades iguais para todos;

c) estabelecerão as condições de renovação anual das bolsas, de acordo com o aproveitamento escolar demonstrado pelos bolsistas.

§ 4º Somente serão concedidas bolsas a alunos de curso primário quando, por falta de vagas, não puderem ser matriculados em estabelecimentos oficiais.

§ 5º Não se inclui nas bolsas de que trata o presente artigo o auxílio que o Poder Público concede a educandos sob a forma de alimentação, material escolar, vestuário, transporte, assistência médica ou dentária, o qual será objeto de normas especiais.

Art. 95. A União dispensará a sua cooperação financeira ao ensino sob a forma de:

a) subvenção, de acordo com as leis especiais em vigor;

b) assistência técnica, mediante convênio visando ao aperfeiçoamento do magistério, à pesquisa pedagógica e à promoção de congressos e seminários;

c) financiamento a estabelecimentos mantidos pelos Estados, municípios ou particulares, para a compra, construção ou reforma de prédios escolares e respectivas instalações e equipamentos de acordo com as leis especiais em vigor.

§ 1º São condições para a concessão de financiamento a qualquer estabelecimento de ensino, além de outras que venham a ser fixadas pelo Conselho Federal de Educação:

a) a idoneidade moral e pedagógica das pessoas ou entidades responsáveis pelos estabelecimentos para que é feita a solicitação de crédito;

b) a existência de escrita contábil fidedigna, e a demonstração da possibilidade de liquidação do empréstimo com receitas próprias do estabelecimento ou do mutuário, no prazo contratual;

c) a vinculação, ao serviço de juros e amortização do empréstimo, de uma parte suficiente das receitas do estabelecimento; ou a instituição de garantias reais adequadas, tendo por objeto outras receitas do mutuário; ou bens cuja penhora não prejudique direta ou indiretamente o funcionamento do estabelecimento de ensino;

d) o funcionamento regular do estabelecimento, com observância das leis de ensino.

§ 2º Os estabelecimentos particulares de ensino que receberem subvenção ou auxílio para sua manutenção ficam obrigados a conceder matrículas gratuitas a estudantes pobres, no valor correspondente ao montante recebido.

§ 3º Não será concedida subvenção nem financiamento ao estabelecimento de ensino que, sob falso pretexto, recusar matrícula a alunos, por motivo de raça, cor ou condição social.

Art. 96. O Conselho Federal de Educação e os conselhos estaduais de educação, na esfera de suas respectivas competências, envidarão esforços para melhorar a qualidade e elevar os índices de produtividade do ensino em relação ao seu custo:

a) promovendo a publicação anual das estatísticas do ensino e dados complementares, que deverão ser utilizados na elaboração dos planos de aplicação de recursos para o ano subsequente;

b) estudando a composição de custos do ensino público e propondo medidas adequadas para ajustá-lo ao melhor nível de produtividade.

TÍTULO XIII
Disposições Gerais e Transitórias

Art. 97. O ensino religioso constitui disciplina dos horários das escolas oficiais, é de matrícula facultativa e será ministrado sem ônus para os poderes públicos, de acordo com a confissão religiosa do aluno, manifestada por ele, se for capaz, ou pelo seu representante legal ou responsável.

§ 1º A formação de classe para o ensino religioso independe de número mínimo de alunos.

§ 2º O registro dos professores de ensino religioso será realizado perante a autoridade religiosa respectiva.

Art. 98. O Ministério da Educação e Cultura manterá o registro de professores habilitados para o exercício do magistério de grau médio.

Art. 99. Aos maiores de dezesseis anos será permitida a obtenção de certificados de conclusão do curso ginasial, mediante a prestação de exames de madureza ("em dois anos, no mínimo, e três anos, no máximo" — VETO REJEITADO) após estudos realizados sem observância de regime escolar.

Parágrafo único. Nas mesmas condições permitir-se-á a obtenção do certificado de conclusão de curso colegial aos maiores de dezenove anos.

Art. 99. Aos maiores de dezesseis anos será permitida a obtenção de certificados de conclusão do curso ginasial, mediante a prestação de exames de madureza, após estudos realizados sem observância do regime escolar.

Parágrafo único. Nas mesmas condições, permitir-se-á a obtenção do certificado de conclusão do curso colegial aos maiores de dezenove anos. (Alterado pelo Decreto-Lei n. 709, de 28/7/69)

Art. 100. Será permitida a transferência de alunos de um para outro estabelecimento de ensino, inclusive de escola de país estrangeiro, feitas as necessárias adaptações de acordo com o que dispuserem: em relação ao ensino médio, os diversos sistemas de ensino, e em relação ao ensino superior, os conselhos universitários, ou o Conselho Federal de Educação, quando se tratar de universidade ou de estabelecimento de ensino superior federal ou particular, ou ainda, os Conselhos Universitários ou o Conselho Estadual de Educação, quando se tratar de universidade ou de estabelecimentos de ensino estaduais.

Art. 100. A transferência de alunos, de uma para outra instituição de qualquer nível de ensino, inclusive de país estrangeiro, será permitida de conformidade com os critérios que forem estabelecidos:

a) pelo Conselho Federal de Educação, quando se tratar de instituição vinculada ao sistema federal de ensino;

b) pelos Conselhos Estaduais de Educação, quando se tratar de instituições estaduais e municipais;

c) pelo colegiado máximo, de natureza acadêmica, em cada instituição, quando inexistirem normas emanadas dos órgãos previstos nas alíneas anteriores.

§ 1° — Será concedida transferência, em qualquer época do ano e independentemente da existência de vaga:

I — para instituições vinculadas a qualquer sistema de ensino, quando se tratar de servidor público federal, ou membro das Forças Armadas, inclusive seus dependentes, quando requerida em razão de comprovada remoção ou transferência de ofício que acarrete mudança de residência para o município onde se situe a instituição recebedora ou para localidade próxima desta, observadas as normas estabelecidas pelo Conselho Federal de Educação;

II — para instituições vinculadas ao sistema estadual, quando se tratar de servidor público estadual e seus dependentes, se requerida na condição prevista no inciso anterior, respeitadas as normas expedidas pelos Conselhos Estaduais de Educação.

§ 2° — As matérias componentes dos currículos mínimos de qualquer curso superior, estudadas com aproveitamento em instituição autorizada, serão automaticamente reconhecidas pela instituição que receber o aluno, devendo este, entretanto, cursar as matérias ou disciplinas obrigatórias constantes do currículo pleno, de acordo com as normas fixadas pelo Conselho Federal de Educação. (Alterado pela Lei n. 7.037, de 5/10/82)

Art. 101. O Ministro da Educação e Cultura, ouvido o Conselho Federal de Educação, decidirá das questões suscitadas pela transição entre o regime escolar até agora vigente e o instituído por esta lei, baixando, para isto, as instruções necessárias.

Art. 102. Os diplomas de curso superior, para que produzam efeitos legais, serão previamente registrados em órgãos do Ministério da Educação e Cultura.

Art. 103. Os diplomas e certificados estrangeiros dependerão de revalidação, salvo convênios culturais celebrados com países estrangeiros.

Art. 104. Será permitida a organização de cursos ou escolas experimentais, com currículos, métodos e períodos escolares próprios, dependendo o seu funcionamento para fins de validade legal da autorização do Conselho Estadual de Educação, quando se tratar de cursos primários e médios, e do Conselho Federal de Educação, quando de cursos superiores ou de estabelecimentos de ensino primário e médio sob a jurisdição do Governo Federal.

Art. 105. Os poderes públicos instituirão e ampararão serviços e entidades que mantenham na zona rural escolas ou centros de educação capazes de favorecer a adaptação do homem ao meio e o estímulo de vocações e atividades profissionais.

Art. 106. Os cursos de aprendizagem industrial e comercial, administrados por entidades industriais e comerciais, nos termos da legislação vigente, serão submetidos aos conselhos estaduais de Educação e os dos territórios ao Conselho Federal de Educação.

Parágrafo único. Anualmente, as entidades responsáveis pelo ensino de aprendizagem industrial e comercial apresentarão, ao Conselho Estadual competente e ao Conselho Federal de Educação, no caso dos Territórios, o relatório de suas atividades, acompanhado de sua prestação de contas.

Art. 107. O poder público estimulará a colaboração popular em favor das fundações e instituições culturais e educativas de qualquer espécie, grau ou nível sem finalidades lucrativas, e facultará aos contribuintes do imposto de renda a dedução dos auxílios ou doações comprovadamente feitos a tais entidades.

Art. 108. O poder público cooperará com as empresas e entidades privadas para o desenvolvimento do ensino técnico e científico.

Art. 109. Enquanto os estados e o Distrito Federal não organizarem o ensino médio de acordo com esta lei, as respectivas escolas continuarão subordinadas à fiscalização federal.

Art. 110. Pelo prazo de 5 (cinco) anos a partir da data da vigência desta lei, os estabelecimentos particulares de ensino médio terão direito de opção, entre os sistemas de ensino federal e estadual, para fins de reconhecimento e fiscalização.

Art. 111. ~~Nas escolas públicas gratuitas, de grau médio ou superior, para cada estudante devidamente matriculado tocará uma bolsa de estudos de valor correspondente ao custo efetivo do ensino, de acordo com a estimativa do orçamento em vigor no estabelecimento~~. (VETO MANTIDO)

Art. 112. As universidades e os estabelecimentos isolados de ensino superior deverão adaptar seus estatutos ou regimentos às normas da presente lei, dentro de 180 (cento e oitenta) dias a contar da publicação desta.

Art. 113. ~~As disposições, exigências e proibições referentes a concursos para provimento de cátedras do ensino superior, consignadas no Título X*, Capítulo I, não se aplicam aos concursos com inscrições já encerradas na data em que esta lei entrar em vigor, devendo eles se reger pela legislação vigente, por ocasião do encerramento da inscrição~~. (PREJUDICADO PELO VETO MANTIDO AO ARTIGO 75).

Art. 114. A transferência de instituto de ensino superior, de um para outro mantenedor, quando o patrimônio houver sido constituído no todo ou em parte por auxílios oficiais, só se efe-

* O correto é Título IX, não X.

tivará depois de aprovado pelos órgãos competentes do Poder Público de onde provierem os recursos, ouvido o respectivo Conselho de Educação.

Art. 115. A escola deve estimular a formação de associações de pais e professores.

Art. 116. Enquanto não houver número suficiente de professores primários formados pelas escolas normais ou pelos institutos de educação, e sempre que se registre esta falta, a habilitação ao exercício do magistério a título precário, até que cesse a falta, será feita por meio de exame de suficiência, realizado em escola normal ou instituto de educação oficial, para tanto credenciado pelo Conselho Estadual de Educação. (VETO REJEITADO PELO CONGRESSO, QUE RESTABELECEU O ARTIGO).

Art. 117. Enquanto não houver número bastante de professores licenciados em faculdades de filosofia, e sempre que se registre essa falta, a habilitação a exercício do magistério será feita por meio de exame de suficiência ("realizado em faculdades de filosofia oficiais, indicadas pelo Conselho Federal de Educação" — VETO REJEITADO PELO CONGRESSO, QUE RESTABELECEU O SEU CONTEÚDO). (Regulamentado pela Portaria Ministerial 49, de 1964). (Revogado pelo Decreto-Lei n. 464, de 11/2/69)

Art. 118. Enquanto não houver número suficiente de profissionais formados pelos cursos especiais de educação técnica, poderão ser aproveitados, como professores de disciplinas específicas do ensino médio técnico, profissionais liberais de cursos superiores correspondentes ou técnicos diplomados na especialidade. (Revogado pelo Decreto-Lei n. 464, de 11/2/69)

Art. 119. Os titulares de cargos públicos federais que forem extintos, por se tornarem desnecessários em face da presente lei, serão aproveitados em funções análogas ou correlatas.

Art. 120. Esta lei entrará em vigor no ano seguinte ao de sua publicação, revogadas as disposições em contrário.

Capítulo 3

Lei n. 5.540, de 28/11/68*

Fixa normas de organização e funcionamento do ensino superior e sua articulação com a escola média e dá outras providências.

CAPÍTULO I
Do Ensino Superior

Art. 1º O ensino superior tem por objetivo a pesquisa, o desenvolvimento das ciências, letras e artes e a formação de profissionais de nível universitário.

Art. 2º O ensino superior, indissociável da pesquisa, será ministrado em universidades e, excepcionalmente, em estabelecimentos isolados, organizados como instituições de direito público ou privado.

Art. 3º As universidades gozarão de autonomia didático-científica, disciplinar, administrativa e financeira, que será exercida na forma da lei e dos seus estatutos.

---

* Inclui as alterações e regulamentações subsequentes. Revogada em dezembro de 1996 pela Lei n. 9.394, com exceção do art. 16 conforme alterado pela Lei n. 9.192, de 21/12/95. O Decreto-Lei n. 464, de 11/2/69, alterado pela Lei n. 5.789, de 27/6/72, baixou normas complementares à Lei n. 5.540.

A fonte desta lei e suas alterações e regulamentações foi o CD-ROM sobre legislação federal editado pelo Senado em 2000. Não informamos o conteúdo dos vetos porque não tivemos acesso a eles nas fontes consultadas.

§§ 1º a 4º (Vetados, inclusive alíneas).

Art. 4º As universidades e os estabelecimentos de ensino superior isolados constituir-se-ão, quando oficiais, em autarquias de regime especial ou em fundações de direito público e, quando particulares, sob a forma de fundações ou associações.

Parágrafo único. O regime especial previsto obedecerá às peculiaridades indicadas nesta Lei, inclusive quanto ao pessoal docente de nível superior, ao qual não se aplica o disposto no art. 35 do Decreto-Lei n. 81, de 21 de dezembro de 1966.

Art. 5º A organização e o funcionamento das universidades serão disciplinados em estatutos e em regimentos das unidades que as constituem, os quais serão submetidos à aprovação do Conselho de Educação competente.

Parágrafo único. A aprovação dos regimentos das unidades universitárias passará à competência da Universidade quando esta dispuser de Regimento Geral aprovado na forma deste artigo.

Art. 6º A organização e o funcionamento dos estabelecimentos isolados de ensino superior serão disciplinados em regimentos, cuja aprovação deverá ser submetida ao Conselho de Educação competente.

Art. 7º As universidades organizar-se-ão diretamente ou mediante a reunião de estabelecimentos já reconhecidos, sendo, no primeiro caso, sujeitas à autorização e reconhecimento e, no segundo, apenas a reconhecimento.

Art. 8º Os estabelecimentos isolados de ensino superior deverão, sempre que possível, incorporar-se a universidades ou congregar-se com estabelecimentos isolados da mesma localidade ou de localidades próximas, constituindo, neste último caso, federações de escolas, regidas por uma administração superior e com regimento unificado que lhes permita adotar critérios comuns de organização e funcionamento.

Parágrafo único. Os programas de financiamento do ensino superior considerarão o disposto neste artigo.

Art. 9º (Vetado).

Art. 10. O Ministério da Educação e Cultura, mediante proposta do Conselho Federal de Educação, fixará os distritos geo-educacionais para aglutinação, em universidades ou federação de escolas, dos estabelecimentos isolados de ensino superior existentes no País.

Parágrafo único. Para efeito do disposto neste artigo, será livre a associação de instituições oficiais ou particulares de ensino superior na mesma entidade de nível universitário ou federação.

Art. 11. As universidades organizar-se-ão com as seguintes características:

a) unidade de patrimônio e administração;

b) estrutura orgânica com base em departamentos reunidos ou não em unidades mais amplas;

c) unidade de funções de ensino e pesquisa, vedada a duplicação de meios para fins idênticos ou equivalentes;

d) racionalidade de organização, com plena utilização dos recursos materiais e humanos;

e) universalidade de campo, pelo cultivo das áreas fundamentais dos conhecimentos humanos, estudados em si mesmos ou em razão de ulteriores aplicações e de uma ou mais áreas técnico-profissionais;

f) flexibilidade de métodos e critérios, com vistas às diferenças individuais dos alunos, às peculiaridades regionais e às possibilidades de combinação dos conhecimentos para novos cursos e programas de pesquisa;

g) (Vetado).

Art. 12. § 1º e § 2º (Vetados).

§ 3º O departamento será a menor fração da estrutura universitária para todos os efeitos de organização administrativa, didático-científica e de distribuição de pessoal, e compreenderá disciplinas afins.

Art. 13. Na administração superior da universidade, haverá órgãos centrais de supervisão do ensino e da pesquisa, com atribuições deliberativas, dos quais devem participar docentes dos vários setores básicos e de formação profissional.

§ 1º A universidade poderá também criar órgãos setoriais, com funções deliberativas e executivas, destinados a coordenar unidades afins para integração de suas atividades.

§ 2º A coordenação didática de cada curso ficará a cargo de um colegiado, constituído de representantes das unidades que participem do respectivo ensino.

Art. 14. Na forma do respectivo estatuto ou regimento, o colegiado a que esteja afeta a administração superior da universidade ou estabelecimento isolado incluirá entre seus membros, com direito a voz e voto, representantes originários de atividades, categorias ou órgãos distintos de modo que não subsista, necessariamente, a preponderância de professores classificados em determinado nível.

Parágrafo único. Nos órgãos a que se refere este artigo, haverá, obrigatoriamente, representantes da comunidade, incluindo as classes produtoras.

Art. 15. Em cada universidade sob forma de autarquia especial ou estabelecimento isolado de ensino superior, mantido pela União, haverá um Conselho de Curadores, ao qual caberá a fiscalização econômico-financeira.

Parágrafo único. Farão parte do Conselho de Curadores, na proporção de um terço deste, elementos estranhos ao corpo docente e ao discente da universidade ou estabelecimento isolado, entre os quais representantes da indústria, devendo o respectivo estatuto ou regimento dispor sobre sua escolha, mandato e atribuições na esfera de sua competência.

Parágrafo único. Na composição do Conselho de Curadores, a ser regulada nos estatutos e regimentos, deverão incluir-se, além dos membros pertencentes à própria instituição, representantes da comunidade e do Ministério da Educação e Cultura, em número correspondente a um terço do total. (Alterado pelo Decreto-Lei n. 464, de 11/2/69)

Art. 16. A nomeação de Reitores e Vice-Reitores de universidades e Diretores e Vice-Diretores de unidades universitárias ou estabelecimentos isolados far-se-á com observância dos seguintes princípios:

I — o Reitor e o Vice-Reitor de universidade oficial serão nomeados pelo respectivo Governo e escolhidos de listas de nomes indicados pelo Conselho Universitário ou colegiado equivalente;

II — quando, na administração superior universitária, houver órgão deliberativo para as atividades de ensino e pesquisa, principalmente se constituído de elementos escolhidos pelos Departamentos, a lista a que se refere o item anterior será organizada em reunião conjunta desse órgão e do Conselho Universitário ou colegiado equivalente;

III — o Reitor e o Diretor de universidade, unidade universitária ou estabelecimento isolado, de caráter particular, serão escolhidos na forma dos respectivos estatutos e regimentos;

IV — o Diretor de unidade universitária ou estabelecimento isolado, quando oficial, será escolhido conforme estabelecido pelo respectivo sistema de ensino, salvo nos casos previstos no § 1º deste artigo.

§ 1º Os Reitores, Vice-Reitores, Diretores e Vice-Diretores das instituições de ensino superior mantidas pela União, salvo o disposto no § 3º deste artigo, serão indicados em lista de seis nomes pelos respectivos colegiados e nomeados pelo Presidente da República.

§ 2º Será de quatro anos o mandato dos Reitores, Vice-Reitores, Diretores e Vice-Diretores, vedado o exercício de dois mandatos consecutivos.

§ 3º (Vetado).

§ 4º Ao Reitor e ao Diretor caberá zelar pela manutenção da ordem e disciplina no âmbito de suas atribuições, respondendo por abuso ou omissão.

Art. 16. A nomeação de Reitores e Vice-Reitores de Universidades, e de Diretores e Vice-Diretores de unidades universitárias e de estabelecimentos isolados de ensino superior, obedecerá ao seguinte:

I — o Reitor e o Vice-Reitor de Universidade oficial serão nomeados pelo Chefe do Poder Executivo, escolhidos em listas preparadas por um Colégio Eleitoral especial, constituído da reunião do Conselho Universitário e dos órgãos colegiados máximos de ensino e pesquisa e de administração, ou equivalente;

II — os Dirigentes de universidades ou estabelecimentos isolados particulares serão escolhidos na forma dos respectivos estatutos e regimentos;

III — o Diretor e o Vice-Diretor de estabelecimento isolado de ensino superior mantido pela União, quando constituído em autarquia, serão nomeados pelo Presidente da República, e no caso de Diretor e Vice-Diretor de unidade universitária, pelo Ministro da Educação e Cultura, escolhidos em lista preparada pelo respectivo colegiado máximo;

IV — nos demais casos, o Diretor será escolhido conforme estabelecido pelo respectivo sistema de ensino.

§ 1° Ressalvado o caso do inciso II deste artigo, as listas a que se refere este artigo serão sêxtuplas.

§ 2° No caso de instituições de ensino superior mantidas pela União, será de 4 (quatro) anos o mandato dos dirigentes

a que se refere este artigo, vedada a recondução ao mesmo cargo, observado nos demais casos o que dispuserem os respectivos estatutos ou regimentos, aprovados na forma da legislação vigente.

§ 3° No caso de instituições federais, a organização das listas para escolha dos Vice-Reitores, Diretores e Vice-Diretores de unidades universitárias, quando de tratar de universidades, e dos Vice-Diretores, na hipótese de estabelecimentos isolados, será feita até 4 (quatro) meses depois da posse dos respectivos Reitores ou Diretores, conforme o caso.

§ 4° Além do Vice-Reitor, as instituições de ensino superior mantidas pela União poderão dispor de Pro-Reitores, Sub-Reitores, Decanos ou autoridades equivalentes, designados pelo Reitor, até o máximo de 6 (seis) englobadamente, conforme dispuserem os respectivos Estatutos.

§ 5° Ao Reitor e ao Diretor caberá zelar pela manutenção da ordem e disciplina no âmbito de suas atribuições, respondendo por abuso ou omissão. (Alterado pela Lei n. 6.420, de 3/6/77, regulamentada pelo Decreto n. 80.536, de 11/10/77).

Art. 16. A nomeação de Reitores e Vice-Reitores de universidades e Diretores e Vice-Diretores de unidades universitárias ou estabelecimentos isolados far-se-á com observância dos seguintes princípios:

I — o Reitor e o Vice-Reitor de universidade oficial serão nomeados pelo respectivo Governo e escolhidos de listas de nomes indicados pelo Conselho Universitário ou colegiado equivalente;

II — quando, na administração superior universitária, houver órgão deliberativo para as atividades de ensino e pesquisa, principalmente se constituído de elementos escolhidos pelos Departamentos, a lista a que se refere o item anterior será organizada em reunião conjunta desse órgão e do Conselho Universitário ou colegiado equivalente;

III — o Reitor e o Diretor de universidade, unidade universitária ou estabelecimento isolado, de caráter particular, serão escolhidos na forma dos respectivos estatutos e regimentos;

IV — o Diretor de unidade universitária ou estabelecimento isolado, quando oficial, será escolhido conforme estabelecido pelo respectivo sistema de ensino, salvo nos casos previstos no § 1° deste artigo.

§ 1° Os Reitores, Vice-Reitores, Diretores e Vice-Diretores das instituições de ensino superior, mantidas pela União, salvo o disposto no § 3° deste artigo, serão indicados em lista de seis nomes pelos respectivos colegiados e nomeados pelo Presidente da República.

§ 2° Será de quatro anos o mandato dos Reitores, Vice-Reitores, Diretores e Vice-Diretores, vedado o exercício de dois mandatos consecutivos.

§ 3° (Vetado).

§ 4° Ao Reitor e ao Diretor caberá zelar pela manutenção da ordem e disciplina no âmbito de suas atribuições, respondendo por abuso ou omissão. (Revigorado pela Lei n. 7.177, de 19/12/83)

Art. 16. A nomeação de Reitores e Vice-Reitores de universidades, e de Diretores e Vice-Diretores de unidades universitárias e de estabelecimentos isolados de ensino superior obedecerá ao seguinte:

I — o Reitor e o Vice-Reitor de universidade federal serão nomeados pelo Presidente da República, escolhidos entre professores dos dois níveis mais elevados da carreira ou que possuam título de doutor, cujos nomes figurem em listas tríplices organizadas pelo respectivo colegiado máximo, ou outro colegiado que o englobe, instituído especificamente para este fim, sendo a votação uninominal;

II — o colegiado máximo a que se refere o inciso anterior, constituído de representantes dos diversos segmentos da comunidade universitária e da sociedade, observará, quando da sua composição, o mínimo de 70% (setenta por cento) de representantes do corpo docente no total de seus membros;

III — em caso de consulta prévia à comunidade universitária, nos termos estabelecidos pelo colegiado máximo da instituição, prevalecerão o peso de 70% (setenta por cento) para a manifestação do pessoal docente em relação à das demais categorias e à votação uninominal;

IV — os Diretores de unidades universitárias federais serão nomeados pelo Reitor, observados os mesmos procedimentos dos incisos anteriores;

V — o Diretor e o Vice-Diretor de estabelecimento isolado de ensino superior mantido pela União, qualquer que seja sua natureza jurídica, serão nomeados pelo Presidente da República, escolhidos em lista tríplice preparada pelo respectivo colegiado máximo, observando o disposto nos incisos I, II e III;

VI — os dirigentes de universidades ou estabelecimentos isolados particulares serão escolhidos na forma dos respectivos estatutos e regimentos;

VII — nos demais casos, o dirigente será conforme estabelecido pelo respectivo sistema de ensino.

Parágrafo único. No caso de instituição federal de ensino superior, será de 4 (quatro) anos o mandato dos dirigentes a que se refere este artigo, vedada a recondução ao mesmo

cargo, observado nos demais casos o que dispuserem os respectivos estatutos ou regimentos, aprovados na forma da legislação vigente, ou conforme estabelecido pelo respectivo sistema de ensino. (Alterado pela Medida Provisória n. 938, de 16/3/95*)

Art. 16. A nomeação de Reitores e Vice-Reitores de universidades, e de Diretores e Vice-Diretores de unidades universitárias e de estabelecimentos isolados de ensino superior obedecerá ao seguinte:

I — o Reitor e o Vice-Reitor de universidade federal serão nomeados pelo Presidente da República e escolhidos entre professores dos dois níveis mais elevados da carreira ou que possuam título de doutor, cujos nomes figurem em listas tríplices organizadas pelo respectivo colegiado máximo, ou outro colegiado que o englobe, instituído especificamente para este fim, sendo a votação uninominal;

II — os colegiados a que se refere o inciso anterior, constituídos de representantes dos diversos segmentos da comunidade universitária e da sociedade, observarão o mínimo de setenta por cento de membros do corpo docente no total de sua composição;

III — em caso de consulta prévia à comunidade universitária, nos termos estabelecidos pelo colegiado máximo da instituição, prevalecerão a votação uninominal e o peso de setenta por cento para a manifestação do pessoal docente em relação à das demais categorias;

IV — os Diretores de unidades universitárias federais serão nomeados pelo Reitor, observados os mesmos procedimentos dos incisos anteriores;

* Cabe lembrar que as Medidas Provisórias só tinham vigência por 30 dias, requerendo a reedição para a permanência da vigência.

V — o Diretor e o Vice-Diretor de estabelecimento isolado de ensino superior mantido pela União, qualquer que seja sua natureza jurídica, serão nomeados pelo Presidente da República, escolhidos em lista tríplice preparada pelo respectivo colegiado máximo, observado o disposto nos incisos I, II e III;

VI — nos casos em que a instituição ou a unidade não contar com docentes, nos dois níveis mais elevados da carreira ou que possuam título de doutor, em número suficiente para comporem as listas tríplices, estas serão completadas com docentes de outras unidades ou instituição;

VII — os dirigentes de universidades ou estabelecimentos isolados particulares serão escolhidos na forma dos respectivos estatutos e regimentos;

VIII — nos demais casos, o dirigente será escolhido conforme estabelecido pelo respectivo sistema de ensino.

Parágrafo único. No caso de instituição federal de ensino superior, será de quatro anos o mandato dos dirigentes a que se refere este artigo, sendo permitida uma única recondução ao mesmo cargo, observado nos demais casos o que dispuserem os respectivos estatutos ou regimentos, aprovados na forma da legislação vigente, ou conforme estabelecido pelo respectivo sistema de ensino. (Alterado pela Lei n. 9.192, de 21/12/95, regulamentada pelo Decreto n. 1.916, de 23/5/96. Revogou as Leis ns. 6.420/77 e 7.177/83)

Art. 17. Nas universidades e nos estabelecimentos isolados de ensino superior poderão ser ministradas as seguintes modalidades de cursos:

a) de graduação, abertos à matrícula de candidatos que hajam concluído o ciclo colegial ou equivalente e tenham sido classificados em concurso vestibular;

b) de pós-graduação, abertos à matrícula de candidatos diplomados em curso de graduação que preencham as condições prescritas em cada caso;

c) de especialização e aperfeiçoamento, abertos à matrícula de candidatos diplomados em cursos de graduação ou que apresentem títulos equivalentes;

d) de extensão e outros, abertos a candidatos que satisfaçam os requisitos exigidos.

Art. 18. Além dos cursos correspondentes a profissões reguladas em lei, as universidades e os estabelecimentos isolados poderão organizar outros para atender às exigências de sua programação específica e fazer face a peculiaridades do mercado de trabalho regional.

Art. 19. (Vetado).

Art. 20. As universidades e os estabelecimentos isolados de ensino superior estenderão à comunidade, sob forma de cursos e serviços especiais, as atividades de ensino e os resultados da pesquisa que lhes são inerentes.

Art. 21. O concurso vestibular, referido na letra "a" do artigo 17, abrangerá os conhecimentos comuns às diversas formas de educação do segundo grau sem ultrapassar este nível de complexidade para avaliar a formação recebida pelos candidatos e sua aptidão intelectual para estudos superiores.

Parágrafo único. Dentro do prazo de três anos a contar da vigência desta Lei o concurso vestibular será idêntico em seu conteúdo para todos os cursos ou áreas de conhecimentos afins e unificado em sua execução, na mesma universidade ou federação de escolas ou no mesmo estabelecimento isolado de organização pluricurricular de acordo com os estatutos e regimentos. (Regulamentado pelos Decretos ns. 68.908, de 13/7/71, 73.079, de 5/11/73, 75.369, de 13/2/75, 79.298, de 24/2/77, e 96.533, de 17/8/88).

Art. 22 e alíneas a), b) e c). (Vetados).

Art. 23. Os cursos profissionais poderão, segundo a área abrangida, apresentar modalidades diferentes quanto ao número e à duração, a fim de corresponder às condições do mercado de trabalho.

§ 1º Serão organizados cursos profissionais de curta duração, destinados a proporcionar habilitações intermediárias de grau superior.

§ 2º Os estatutos e regimentos disciplinarão o aproveitamento dos estudos dos ciclos básicos e profissionais, inclusive os de curta duração, entre si e em outros cursos.

Art. 24. O Conselho Federal de Educação conceituará os cursos de pós-graduação e baixará normas gerais para sua organização, dependendo de sua validade, no território nacional, de os estudos neles realizados terem os cursos respectivos credenciados por aquele órgão.

Parágrafo único. (Vetado).

Art. 25. Os cursos de especialização, aperfeiçoamento, extensão e outros serão ministrados de acordo com os planos traçados e aprovados pelas universidades e pelos estabelecimentos isolados.

Art. 26. O Conselho Federal de Educação fixará o currículo mínimo e a duração mínima dos cursos superiores correspondentes a profissões reguladas em lei e de outros necessários ao desenvolvimento nacional.

Parágrafo único. O currículo mínimo dos cursos de graduação em Ciências Sociais dará ênfase ao estudo do Direito do Menor. (Acrescentado pela Lei n. 6.625, de 23/3/79)

Art. 27. Os diplomas expedidos por universidade federal ou estadual nas condições do artigo 15 da Lei n. 4.024, de 20 de dezembro de 1961, correspondentes a cursos reconhecidos pelo Conselho Federal de Educação, bem como os de cursos credenciados de pós-graduação, serão registrados na própria universidade, importando em capacitação para o exercício profissional na área abrangida pelo respectivo currículo, com validade em todo o território nacional.

§ 1° O Ministério da Educação e Cultura designará as universidades federais que deverão proceder ao registro de diplomas correspondentes aos cursos referidos neste artigo, expedidos por universidades particulares ou por estabelecimentos isolados de ensino superior, importando o registro em idênticos direitos.

§ 2º Nas unidades da Federação em que haja universidade estadual, nas condições referidas neste artigo, os diplomas correspondentes aos mesmos cursos, expedidos por estabelecimentos isolados de ensino superior mantidos pelo Estado, serão registrados nessa Universidade.

Art. 28. § 1º (Vetados).

§ 2º Entre os períodos letivos regulares, conforme disponham os estatutos e regimentos, serão executados programas de ensino e pesquisa que assegurem o funcionamento contínuo das instituições de ensino superior.

Art. 29. Será obrigatória, no ensino superior, a frequência de professores e alunos, bem como a execução integral dos programas de ensino.

§ 1° Na forma dos estatutos e regimentos, será passível de sanção disciplinar o professor que, sem motivo aceito como justo pelo órgão competente, deixar de cumprir programa a seu cargo ou horário de trabalho a que esteja obrigado, importando a reincidência nas faltas previstas neste artigo em motivo bastante para exoneração ou dispensa, caracterizando-se o caso como de abandono de cargo ou emprego.

§ 2º A aplicação do disposto no parágrafo anterior far-se-á mediante representação da instituição ou de qualquer interessado.

§ 3º Se a representação for considerada objeto de deliberação, o professor ficará desde logo afastado de suas funções, na forma do estatuto ou regimento.

§ 4º Considerar-se-á reprovado o aluno que deixar de comparecer a um mínimo, previsto em estatuto ou regimento, das atividades programadas para cada disciplina.

§ 5º O ano letivo poderá ser prorrogado por motivo de calamidade pública, guerra externa, convulsão interna e, a critério dos órgãos competentes da Universidade e estabelecimentos isolados, por outras causas excepcionais, independentes da vontade do corpo discente.

Art. 30. A formação de professores para o ensino de segundo grau, de disciplinas gerais ou técnicas, bem como o preparo de especialistas destinadas ao trabalho de planejamento, supervisão, administração, inspeção e orientação no âmbito de escolas e sistemas escolares, far-se-á em nível superior.

§ 1º A formação dos professores e especialistas previstos neste artigo realizar-se-á, nas universidades, mediante a cooperação das unidades responsáveis pelos estudos incluídos nos currículos dos cursos respectivos.

§ 2º A formação a que se refere este artigo poderá concentrar-se em um só estabelecimento isolado ou resultar da cooperação de vários, devendo, na segunda hipótese, obedecer à coordenação que assegure a unidade dos estudos, na forma regimental.

CAPÍTULO II
Do Corpo Docente

Art. 31. O regime do magistério superior será regulado pela legislação própria dos sistemas do ensino e pelos estatutos ou regimentos das universidades e dos estabelecimentos isolados.

> **Art. 31. O regime jurídico do magistério superior será regulado pela legislação própria dos sistemas de ensino e pelos estatutos e regimentos de universidades, das federações de escola e dos estabelecimentos isolados.** (Alterado pelo Decreto-Lei n. 464, de 11/2/69).

Art. 32. Entendem-se como atividades de magistério superior, para efeitos desta lei:

a) as que, pertinentes ao sistema indissociável de ensino e pesquisa, se exerçam nas universidades e nos estabelecimentos isolados, em nível de graduação, ou mais elevado, para fins de transmissão e ampliação do saber;

b) as inerentes à administração escolar e universitária exercida por professores.

§ 1º Haverá apenas uma carreira docente, obedecendo ao princípio da integração de ensino e pesquisas.

§ 2º Serão considerados, em caráter preferencial, para o ingresso e a promoção na carreira docente do magistério superior, os títulos universitários e o teor científico dos trabalhos dos candidatos.

Art. 33. Os cargos e funções de magistério, mesmo os já criados ou providos, serão desvinculados de campos específicos de conhecimentos.

§ 1º (Vetado).

§ 2º Nos departamentos, poderá haver mais de um professor em cada nível de carreira.

§ 3º Fica extinta a cátedra ou cadeira na organização do ensino superior do País.

Art. 34. As universidades deverão, progressivamente e na medida de seu interesse e de suas possibilidades, estender a seus docentes o Regime de Dedicação exclusiva às atividades de ensino e pesquisa.

Art. 35. O regime a que se refere o artigo anterior será prioritariamente estendido às áreas de maior importância para a formação básica e profissional.

Art. 36. Os programas de aperfeiçoamento de pessoal docente deverão ser estabelecidos pelas universidades, dentro de uma política nacional e regional definida pelo Conselho Federal de Educação e promovida através da CAPES e do Conselho Nacional de Pesquisas.

Art. 36. A formação e o aperfeiçoamento do pessoal docente de ensino superior obedecerá a uma política nacional e regional, definida pelo Conselho Federal de Educação e promovida por mais de uma Comissão Executiva em cuja composição deverão incluir-se representantes do Conselho Nacional de Pesquisas, da Coordenação do Aperfeiçoamento do Pessoal de Nível Superior, do Conselho Federal de Educação, do Ministério do Planejamento e Coordenação Geral do Fundo de Desenvolvimento Técnico Científico, do Fundo Nacional de Desenvolvimento da Educação e das Universidades. (Alterado pelo Decreto-Lei n. 464, de 11/2/69)

Art. 37. Ao pessoal do magistério superior, admitido mediante contrato de trabalho, aplica-se exclusivamente a legislação trabalhista, observadas as seguintes regras especiais:

I — a aquisição de estabilidade é condicionada à natureza efetiva da admissão, não ocorrendo nos casos de interinidade ou substituição, ou quando a permanência no emprego depender da satisfação de requisitos especiais de capacidade apurados segundo as normas próprias do ensino;

II — a aposentadoria compulsória, por implemento de idade, extingue a relação de emprego, independente de indenização, cabendo à instituição complementar os proventos da aposentadoria concedida pela instituição de Previdência Social, se estes não forem integrais.

CAPÍTULO III
Do Corpo Discente

Art. 38. O corpo discente terá representação, com direito a voz e voto, nos órgãos colegiados das universidades e dos estabelecimentos isolados de ensino superior, bem como em comissões instituídas na forma dos estatutos e regimentos.*

§ 1º A representação estudantil terá por objetivo a cooperação entre administradores, professores e alunos, no trabalho universitário.

§ 2º A escolha dos representantes estudantis será feita por meio de eleições do corpo discente e segundo critérios que incluam o aproveitamento escolar dos candidatos, de acordo com os estatutos e regimentos.

§ 3º A representação estudantil não poderá exceder de um quinto do total dos membros dos colegiados e comissões.

Art. 39. Em cada universidade ou estabelecimento isolado do ensino superior poderá ser organizado diretório para congregar os membros do respectivo corpo discente.

§ 1º Além do diretório de âmbito universitário, poderão formar-se diretórios setoriais, de acordo com a estrutura interna de cada universidade.

§ 2º Os regimentos elaborados pelos diretórios serão submetidos à aprovação da instância universitária ou escolar competente.

§ 3º O diretório cuja ação não estiver em consonância com os objetivos para os quais foi instituído, será passível das sanções previstas nos estatutos ou regimentos.

§ 4º Os diretórios são obrigados a prestar contas de sua gestão financeira aos órgãos da administração universitária ou escolar, na forma dos estatutos e regimentos.

Art. 40. As instituições de ensino superior:

a) por meio de suas atividades de extensão, proporcionarão aos corpos discentes oportunidades de participação em programas de melhoria das condições de vida da comunidade e no processo geral do desenvolvimento;

---

* Os artigos 38 e 39 foram revogados pela Lei n. 6.680, de 16/8/79, que também revogou os Decretos-Leis ns. 228, de 28/2/67, e 477, de 26/2/69.

b) assegurarão ao corpo discente meios para a realização dos programas culturais, artísticos, cívicos e desportivos;

c) estimularão as atividades de educação cívica e de desportos, mantendo, para o cumprimento desta norma, orientação adequada e instalações especiais;

> **c) estimularão as atividades de educação física e de desportos, mantendo, para o cumprimento desta norma, orientação adequada e instalações especiais;** (alterado pelo Decreto-Lei n. 464, de 11/2/69, e regulamentado pelo Decreto n. 69.450, de 1°/11/71)

d) estimularão as atividades que visem à formação cívica, considerada indispensável à criação de uma consciência de direitos e deveres do cidadão e do profissional.

Art. 41. As universidades deverão criar as funções de monitor para alunos do curso de graduação que se submeterem a provas específicas, nas quais demonstrem capacidade de desempenho em atividades técnico-didáticas de determinada disciplina.

Parágrafo único. As funções de monitor deverão ser remuneradas e consideradas título para posterior ingresso em carreira de magistério superior.

(Regulamentado pelo Decreto n. 66.315, de 13/3/70, alterado pelo Decreto n. 68.771, de 17/6/71)

CAPÍTULO IV
Disposições Gerais

Art. 42. Nas universidades e nos estabelecimentos isolados mantidos pela União, as atividades técnicas poderão ser atendidas mediante a contratação de pessoal na forma da legislação do trabalho, de acordo com as normas a serem estabelecidas nos estatutos e regimentos.

Art. 43. Os vencimentos dos servidores públicos federais de nível universitário são desvinculados do critério de duração dos cursos.

Arts. 44 e 45 (Vetados).

Art. 46. O Conselho Federal de Educação interpretará, na jurisdição administrativa, as disposições desta e das demais leis que fixem diretrizes e bases da educação nacional, ressalvada a competência dos sistemas estaduais de ensino, definida na Lei n. 4.024, de 20 de dezembro de 1961. (Revogado pelas Medidas Provisórias 661, de 18/10/94, 711, de 17/11/94, 765, de 16/12/94, 891, de 14/2/95, e 938, de 16/3/95)

Art. 47. A autorização ou o reconhecimento de universidade ou estabelecimento isolado de ensino superior será tornado efetivo, em qualquer caso, por decreto do Poder Executivo, após prévio parecer favorável do Conselho Federal de Educação, observado o disposto no artigo 44 desta Lei.

Art. 47. A autorização para funcionamento e reconhecimento da Universidade ou estabelecimento isolado de ensino superior será tornada efetiva, em qualquer caso, por decreto ao Poder Executivo Federal, após prévio parecer favorável do Conselho de Educação competente.

Parágrafo único. A competência a que se refere este artigo inclui o disposto nas alíneas a e b e § 2° do artigo 9°, nos artigos 14 e 15 da Lei n. 4.024, de 20 de dezembro de 1961. (Alterado pelo Decreto-Lei n. 842, de 9/9/69. Regulamentado pelos Decretos ns. 87.911, de 7/12/82, 49, de 5/3/91, 105, de 25/4/91, e 359, de 9/12/91)

Art. 47. A autorização para o funcionamento e reconhecimento de universidade ou para o funcionamento de curso em estabelecimento isolado de ensino superior será tornada efetiva, em qualquer caso, por decreto do Poder Executivo

Federal, após prévio parecer favorável do Conselho de Educação competente.

§ 1° A competência a que se refere este artigo inclui o disposto no art. 14 da Lei n. 4.024, de 20 de dezembro de 1961.

§ 2° A competência do Conselho Nacional de Educação para opinar sobre o funcionamento e reconhecimento de universidade ou estabelecimento isolado de ensino superior particulares, prevista nos incisos II, III e IV do art. 9° da Lei n. 4.024, de 20 de dezembro de 1961, referida no parágrafo anterior, poderá ser delegada aos Conselhos Estaduais de Educação.

§ 3° A competência do Conselho Nacional de Educação para opinar sobre o reconhecimento de universidade ou estabelecimento isolado de ensino superior estaduais e municipais, prevista no inciso III do art. 9° da Lei n. 4.024, de 20 de dezembro de 1961, poderá ser delegada aos Conselhos Estaduais de Educação.

§ 4° Ficam mantidas as delegações de competência concedidas na vigência do art. 15 da Lei n. 4.024, de 20 de dezembro de 1961. (Alterado pelas Medidas Provisórias ns. 661, de 18/10/94, 711, de 17/11/94, e 765, de 16/12/94)

Art. 47. A autorização para funcionamento e reconhecimento de universidade ou estabelecimento isolado de ensino superior será tornada efetiva, em qualquer caso, mediante ato do Poder Executivo, após prévio parecer favorável do Conselho de Educação competente. (Alterado pelas MPs ns. 1.263, de 12/1/96, 1302, de 9/2/96, 1.342, de 13/3/96)

Art. 47. A autorização para o funcionamento, o credenciamento e o recredenciamento periódico de universi-

dade ou estabelecimento isolado de ensino superior, e o reconhecimento de cursos e habilitações oferecidos por essas instituições, e bem assim a autorização prévia dos cursos oferecidos por instituições de ensino superior não universitárias, serão tornados efetivos, em qualquer caso, mediante ato do Poder Executivo, após parecer favorável do Conselho de Educação competente. (Alterado pelas MPs ns. 1.384-16, de 11/4/96, 1.450-17, de 10/5/96, 1.498-18, de 7/6/96, 1.498-19, de 9/7/96, 1.498-20, de 8/8/96, 1.498-21, de 5/9/96, 1.498-22, de 2/10/96, 1.498-23, de 31/10/96, 1.498-24, de 29/11/96, 1.549, de 18/12/96, 1.549-26, de 17/1/97, 1.549-27, de 14/2/97)

Art. 48. O Conselho Federal de Educação, após inquérito administrativo, poderá suspender o funcionamento de qualquer estabelecimento isolado de ensino superior ou a autonomia de qualquer universidade, por motivo de infringência da legislação do ensino ou de preceito estatutário ou regimental, designando-se Diretor ou Reitor *pro tempore.*

Art. 48. O Ministro de Estado da Educação e do Desporto, após inquérito administrativo, que poderá ser proposto pelo Conselho Nacional de Educação, decretará intervenção em qualquer universidade ou em qualquer estabelecimento isolado de ensino superior por motivo de infringência da legislação do ensino ou do preceito estatutário ou regimental.

§ 1° No ato de intervenção o Ministro de Estado da Educação e do Desporto nomeará Reitor ou Diretor *pro tempore*.

§ 2° O Ministro de Estado da Educação e do Desporto, quando for o caso, determinará o encerramento de curso superior, público ou privado, iniciado sem a devida autorização. (Alterado pelas Medidas Provisórias ns. 661, de 18/10/94, 711, de 17/11/94, e 765, de 16/12/94)

Art. 49. As universidades e os estabelecimentos isolados reconhecidos ficam sujeitos à verificação periódica pelo Conselho de Educação competente, observado o disposto no artigo anterior.

Art. 50. Das decisões adotadas pelas instituições de ensino superior, após esgotadas as respectivas instâncias, caberá recurso, por estrita arguição de ilegalidade:

a) para os Conselhos Estaduais de Educação, quando se tratar de estabelecimentos isolados mantidos pelo respectivo Estado ou de universidades incluídas na hipótese do artigo 15 da Lei n. 4.024, de 20 de dezembro de 1961;

b) para o Conselho Federal de Educação, nos demais casos.

Art. 51. O Conselho Federal de Educação fixará as condições para revalidação de diplomas expedidos por estabelecimentos de ensino superior estrangeiros, tendo em vista o registro na repartição competente e o exercício profissional no País.

CAPÍTULO V
Disposições Transitórias

Art. 52. As atuais universidades rurais mantidas pela União deverão reorganizar-se de acordo com o disposto no artigo 11 desta Lei, podendo, se necessário e conveniente, incorporar estabelecimentos de ensino e pesquisa também mantidos pela União, existentes na mesma localidade ou em localidades próximas.

Parágrafo único. Verificada, dentro de doze meses, a partir da data de publicação desta Lei, a juízo do Conselho Federal de Educação, a impossibilidade do disposto neste artigo, as universidades rurais serão incorporadas às federais existentes na mesma região.

Art. 52. As atuais universidades rurais mantidas pela União deverão reorganizar-se de acordo com o disposto no art. 11 da Lei n. 5.540, de 28 de novembro de 1968, ou ser

incorporadas, por ato executivo, às universidades federais existentes nas regiões em que estejam instaladas.

Parágrafo único. Para efeito do disposto na segunda parte do artigo, a reorganização da escola poderá ser iniciada com a aglutinação de estabelecimentos de ensino superior, mantidos pela União, existentes na mesma, ou em localidades próximas. (Alterado pelo Decreto-Lei n. 464, de 11/2/69)

Arts. 53 a 57 (Vetados).

Art. 58. Ficam revogadas as disposições em contrário.

Art. 59. A presente Lei entra em vigor na data de sua publicação.

Capítulo 4

Lei n. 5.692 (Reforma do Ensino de 1º e 2º Graus)* — de 11/8/1971

Fixa Diretrizes e Bases para o ensino de 1º e 2º graus e dá outras providências.

CAPÍTULO I
Do Ensino de 1º e 2º Graus

Art. 1º O ensino de 1º e 2º graus tem por objetivo geral proporcionar ao educando a formação necessária ao desenvolvimento de suas potencialidades como elemento de autorrealização, qualificação para o trabalho e preparo para o exercício consciente da cidadania.

> **Art. 1° O ensino de 1° e 2° graus tem por objetivo geral proporcionar ao educando a formação necessária ao desenvolvimento de suas potencialidades como elemento de autorrealização, preparação para o trabalho e para o exercício consciente da cidadania.** (Alterado pela Lei n. 7.044, de 18/10/82)

1º Para efeito do que dispõem os artigos 176 e 178 da Constituição, entende-se por ensino primário a educação correspondente ao ensino de primeiro grau e por ensino médio, o de segundo grau.

2° O ensino de 1° e 2º graus será ministrado obrigatoriamente na língua nacional.

Art. 2° O ensino de 1º e 2º graus será ministrado em estabelecimentos criados ou reorganizados sob critérios que assegurem a plena utilização dos seus recursos materiais e humanos, sem duplicação de meios para fins idênticos ou equivalentes.

Parágrafo único. A organização administrativa, didática e disciplinar de cada estabelecimento do ensino será regulada no respectivo regimento, a ser aprovado pelo órgão próprio do sistema, com observância de normas fixadas pelo respectivo Conselho de Educação.

Art. 3° Sem prejuízo de outras soluções que venham a ser adotadas, os sistemas de ensino estimularão, no mesmo estabelecimento, a oferta de modalidades diferentes de estudos integrados, por uma base comum e, na mesma localidade:

a) a reunião de pequenos estabelecimentos em unidades mais amplas;

b) a entrosagem e a intercomplementaridade dos estabelecimentos de ensino entre si ou com outras instituições sociais, a fim de aproveitar a capacidade ociosa de uns para suprir deficiências de outros;

c) a organização de centros interescolares que reúnam serviços e disciplinas ou áreas de estudo comuns a vários estabelecimentos.

Art. 4º Os currículos do ensino de 1º e 2º graus terão um núcleo comum, obrigatório em âmbito nacional, e uma parte diversificada para atender, conforme as necessidades e possibilidades concretas, às peculiaridades locais, aos planos dos estabelecimentos e às diferenças individuais dos alunos.

1º Observar-se-ão as seguintes prescrições na definição dos conteúdos curriculares:

I — O Conselho Federal de Educação fixará para cada grau as matérias relativas ao núcleo comum, definindo-lhes os objetivos e a amplitude.

II — Os Conselhos de Educação relacionarão, para os respectivos sistemas de ensino, as matérias dentre as quais poderá cada estabelecimento escolher as que devam constituir a parte diversificada.

III — Com aprovação do competente Conselho de Educação, o estabelecimento poderá incluir estudos não decorrentes de matérias relacionadas de acordo com o inciso anterior.

2º No ensino de 1º e 2º graus dar-se-á especial relevo ao estudo da língua nacional, como instrumento de comunicação e como expressão da cultura brasileira.

3º Para o ensino de 2º grau, o Conselho Federal de Educação fixará, além do núcleo comum, o mínimo a ser exigido em cada habilitação profissional ou conjunto de habilitações afins.

4º Mediante aprovação do Conselho Federal de Educação, os estabelecimentos de ensino poderão oferecer outras habilitações profissionais para as quais não haja mínimos de currículo previamente estabelecidos por aquele órgão, assegurada a validade nacional dos respectivos estudos.

Art. 4° Os currículos do ensino de 1° e 2° graus terão um núcleo comum, obrigatório em âmbito nacional, e uma parte diversificada para atender, conforme as necessidades e possibilidades concretas, às peculiaridades locais, aos planos dos estabelecimentos e às diferenças individuais dos alunos.

§ 1° — A preparação para o trabalho, como elemento de formação integral do aluno, será obrigatória no ensino de 1° e 2° graus e constará dos planos curriculares dos estabelecimentos de ensino.

§ 2° — A preparação para o trabalho, no ensino de 2° grau, poderá ensejar habilitação profissional, a critério do estabelecimento de ensino.

§ 3° — No ensino de 1° e 2° graus, dar-se-á especial relevo ao estudo da língua nacional, como instrumento de

comunicação e como expressão da cultura brasileira. (Alterado pela Lei n. 7.044, de 18/10/82)

Art. 5° As disciplinas, áreas de estudo e atividades que resultem das matérias fixadas na forma do artigo anterior, com as disposições necessárias ao seu relacionamento, ordenação e sequência, constituirão para cada grau o currículo pleno do estabelecimento.

1° Observadas as normas de cada sistema de ensino, o currículo pleno terá uma parte de educação geral e outra de formação especial, sendo organizado de modo que:

a) no ensino de primeiro grau, a parte de educação geral seja exclusiva nas séries iniciais e predominantes nas finais;

b) no ensino de segundo grau, predomine a parte de formação especial.

2° A parte de formação especial de currículo:

a) terá o objetivo de sondagem de aptidões e iniciação para o trabalho, no ensino de 1° grau, e de habilitação profissional, no ensino de 2° grau;

b) será fixada, quando se destine a iniciação e habilitação profissional, em consonância com as necessidades do mercado de trabalho local ou regional, à vista de levantamentos periodicamente renovados.

3° Excepcionalmente, a parte especial do currículo poderá assumir, no ensino de 2° grau, o caráter de aprofundamento em determinada ordem de estudos gerais, para atender a aptidão específica do estudante, por indicação de professores e orientadores.

Art. 5° Os currículos plenos de cada grau de ensino, constituídos por matérias tratadas sob a forma de atividades, áreas de estudo e disciplinas, com as disposições necessá-

rias ao seu relacionamento, ordenação e sequência, serão estruturados pelos estabelecimentos de ensino.

Parágrafo único. Na estruturação dos currículos serão observadas as seguintes prescrições:

a) as matérias relativas ao núcleo comum de cada grau de ensino serão fixadas pelo Conselho Federal de Educação;

b) as matérias que comporão a parte diversificada do currículo de cada estabelecimento serão escolhidas com base em relação elaborada pelos Conselhos de Educação, para os respectivos sistemas de ensino;

c) o estabelecimento de ensino poderá incluir estudos não decorrentes de matérias relacionadas de acordo com a alínea anterior;

d) as normas para o tratamento a ser dado à preparação para o trabalho, referida no § 1° do artigo anterior, serão definidas, para cada grau, pelo Conselho de Educação de cada sistema de ensino;

e) para oferta de habilitação profissional são exigidos mínimos de conteúdo e duração, a serem fixados pelo Conselho Federal de Educação;

f) para atender às peculiaridades regionais, os estabelecimentos de ensino poderão oferecer outras habilitações profissionais para as quais não haja mínimo de conteúdo e duração previamente estabelecidos na forma da alínea anterior. (Alterado pela Lei n. 7.044, de 18/10/82)

Art. 6º As habilitações profissionais poderão ser realizadas em regime de cooperação com as empresas.

Parágrafo único. O estágio não acarretará para as empresas nenhum vínculo de emprego, mesmo que se remunere o aluno estagiário, e suas obrigações serão apenas as especificadas no convênio feito com o estabelecimento.

Art. 6° As habilitações profissionais poderão ser realizadas em regime de cooperação com empresas e outras entidades públicas ou privadas.

Parágrafo único — A cooperação, quando feita sob a forma de estágio, mesmo remunerado, não acarretará para as empresas ou outras entidades vínculo algum de emprego com os estagiários, e suas obrigações serão apenas as especificadas no instrumento firmado com o estabelecimento de ensino. (Alterado pela Lei n. 7.044, de 18/10/82)

Art. 7º Será obrigatória a inclusão de Educação Moral e Cívica, Educação Física, Educação Artística e Programas de Saúde nos currículos plenos dos estabelecimentos de 1º e 2º graus, observado quanto à primeira o disposto no Decreto-Lei n. 869, de 12 de setembro de 1969. (A Educação Física foi regulamentada pela Lei n. 6.503, de 13/12/77, posteriormente alterada pela Lei n. 7.692, de 20/12/88)

Parágrafo único. O ensino religioso, de matrícula facultativa, constituirá disciplina dos horários normais dos estabelecimentos oficiais de 1º e 2º graus.

Art. 8º A ordenação do currículo será feita por séries anuais de disciplinas ou áreas de estudo organizadas de forma a permitir, conforme o plano e as possibilidades do estabelecimento, a inclusão de opções que atendam às diferenças individuais dos alunos e, no ensino de 2º grau, ensejem variedade de habilitações.

Art. 8° A ordenação do currículo será feita por séries anuais de disciplinas, áreas de estudo ou atividades, de modo a permitir, conforme o plano e as possibilidades do estabelecimento, a inclusão de opções que atendam às diferenças individuais dos alunos. (Alterado pela Lei n. 7.044, de 18/10/82)

1º Admitir-se-á a organização semestral no ensino de 1º e 2º graus e, no de 2º grau, a matrícula por disciplina sob condições que assegurem o relacionamento, a ordenação e a sequência dos estudos.

2º Em qualquer grau, poderão organizar-se classes que reúnam alunos de diferentes séries e de equivalentes níveis de adiantamento, para o ensino de línguas estrangeiras e outras disciplinas, áreas de estudo e atividades em que tal solução se aconselhe.

Art. 9º Os alunos que apresentem deficiências físicas ou mentais, os que se encontrem em atraso considerável quanto à idade regular de matrícula e os superdotados deverão receber tratamento especial, de acordo com as normas fixadas pelos competentes Conselhos de Educação.

Art. 10. Será instituída obrigatoriamente a Orientação Educacional, incluindo aconselhamento vocacional, em cooperação com os professores, a família e a comunidade.

Art. 11. O ano e o semestre letivos, independentemente do ano civil, terão, no mínimo, 180 e 90 dias de trabalho escolar efetivo, respectivamente, excluído o tempo reservado às provas finais, caso estas sejam adotadas.

1º Os estabelecimentos de ensino de 1º e 2º graus funcionarão entre os períodos letivos regulares para, além de outras atividades, proporcionar estudos de recuperação aos alunos de aproveitamento insuficiente e ministrar, em caráter intensivo, disciplinas, áreas de estudo e atividades planejadas com duração semestral, bem como desenvolver programas de aperfeiçoamento de professores e realizar cursos especiais de natureza supletiva.

2º Na zona rural, o estabelecimento poderá organizar os períodos letivos, com prescrição de férias nas épocas do plantio e colheita de safras, conforme plano aprovado pela competente autoridade de ensino.

Art. 12. O regimento escolar regulará a substituição de uma disciplina, área de estudo ou atividade por outra a que se atribua idêntico ou equivalente valor formativo, excluídas as que resultem do núcleo comum e dos mínimos fixados para as habilitações profissionais.

> **Art. 12. O regimento escolar regulará a substituição de uma disciplina, área de estudo ou atividade por outra a que se atribua idêntico ou equivalente valor formativo, excluídas as que resultem do núcleo comum e, quando for o caso, dos mínimos fixados pelo Conselho Federal de Educação para as habilitações profissionais.** (Alterado pela Lei n. 7.044, de 18/10/82)

Parágrafo único. Caberá aos Conselhos de Educação fixar, para os estabelecimentos situados nas respectivas jurisdições, os critérios gerais que deverão presidir ao aproveitamento de estudos definido neste artigo.

Art. 13. A transferência do aluno de um para outro estabelecimento far-se-á pelo núcleo comum fixado em âmbito nacional e, quando for o caso, pelos mínimos estabelecidos para as habilitações profissionais, conforme normas baixadas pelos competentes Conselhos de Educação.

Art. 14. A verificação do rendimento escolar ficará, na forma regimental, a cargo dos estabelecimentos, compreendendo a avaliação do aproveitamento e a apuração da assiduidade.

1º Na avaliação do aproveitamento, a ser expressa em notas ou menções, preponderarão os aspectos qualitativos sobre os quantitativos e os resultados obtidos durante o período letivo sobre os da prova final, caso esta seja exigida.

2º O aluno de aproveitamento insuficiente poderá obter aprovação mediante estudos de recuperação proporcionados obrigatoriamente pelo estabelecimento.

3º Ter-se-á como aprovado quanto à assiduidade:

a) o aluno de frequência igual ou superior a 75% na respectiva disciplina, área de estudo ou atividade;

b) o aluno de frequência inferior a 75% que tenha tido aproveitamento superior a 80% da escala de notas ou menções adotadas pelo estabelecimento;

c) o aluno que não se encontre na hipótese da alínea anterior, mas com frequência igual ou superior ao mínimo estabelecido em cada sistema de ensino pelo respectivo Conselho de Educação, e que demonstre melhoria de aproveitamento após estudos a título de recuperação.

4º Verificadas as necessárias condições, os sistemas de ensino poderão admitir a adoção de critérios que permitam avanços progressivos dos alunos pela conjugação dos elementos de idade e aproveitamento.

Art. 15. O regimento escolar poderá admitir que no regime seriado, a partir da 7ª série, o aluno seja matriculado com dependência de uma ou duas disciplinas, áreas de estudo ou atividade de série anterior, desde que preservada a sequência do currículo.

Art. 16. Caberá aos estabelecimentos expedir os certificados de conclusão de série, conjunto de disciplinas ou grau escolar e os diplomas ou certificados correspondentes às habilitações profissionais de todo o ensino de 2º grau, ou de parte deste.

Art. 16. Caberá aos estabelecimentos de ensino expedir os certificados de conclusão de série, de disciplinas ou grau escolar, e os diplomas ou certificados correspondentes às habilitações profissionais. (Alterado pela Lei n. 7.044, de 18/10/82)

Parágrafo único. Para que tenham validade nacional, os diplomas e certificados relativos às habilitações profissionais deverão ser registrados em órgão local do Ministério da Educação e Cultura. (Regulamentado pelo Decreto n. 70.661, de 30/5/72)

CAPÍTULO II
Do Ensino de 1º Grau

Art. 17. O ensino de 1º grau destina-se à formação da criança e do pré-adolescente, variando em conteúdo e métodos segundo as fases de desenvolvimento dos alunos.

Art. 18. O ensino de 1º grau terá a duração de oito anos letivos e compreenderá, anualmente, pelo menos 720 horas de atividades.

Art. 1° Fica estabelecido, a partir do ano de 1991, em duzentos, o número de dias letivos, independentemente do ano civil e respeitadas as peculiaridades regionais.

Art. 2° O ensino fundamental compreenderá, anualmente, pelo menos oitocentas horas de atividades, devendo essa carga horária passar, até 1993, para mil e duzentas horas anuais.

Parágrafo único. O ensino noturno terá tratamento diferenciado, conforme diretrizes estabelecidas pelo Ministério da Educação. (Alterado e acrescentado pelo Decreto n. 13, de 23/1/91)

Art. 1° O planejamento curricular do ensino fundamental e do ensino médio deverá garantir para cada aluno carga horária anual de, pelo menos, oitocentas horas-aula.

§ 1° As horas-aula serão utilizadas para ministrar efetivamente os conteúdos programáticos estabelecidos nos planos curriculares, incluindo os processos de avaliação do rendimento escolar.

§ 2° Para efeito da carga horária estabelecida neste decreto, não se contará o tempo destinado a atividades ex-

tracurriculares. (Alterado e acrescentado pelo Decreto n. 240, de 25/10/91, que revogou o Decreto n. 13)

Art. 19. Para o ingresso no ensino de 1º grau, deverá o aluno ter a idade mínima de sete anos.

§ 1º As normas de cada sistema disporão sobre a possibilidade de ingresso no ensino de primeiro grau de alunos com menos de sete anos de idade.

§ 2º Os sistemas de ensino velarão para que as crianças de idade inferior a sete anos recebam conveniente educação em escolas maternais, jardins de infância e instituições equivalentes.

Art. 20. O ensino de 1º grau será obrigatório dos 7 aos 14 anos, cabendo aos Municípios promover, anualmente, o levantamento da população que alcance a idade escolar e proceder à sua chamada para matrícula.

Parágrafo único. Nos Estados, no Distrito Federal, nos Territórios e nos Municípios, deverá a administração do ensino fiscalizar o cumprimento da obrigatoriedade escolar e incentivar a frequência dos alunos.

CAPÍTULO III
Do Ensino de 2º Grau

Art. 21. O ensino de 2º grau destina-se à formação integral do adolescente.

Parágrafo único. Para ingresso no ensino de 2º grau, exigir-se-á a conclusão do ensino de 1º grau ou de estudos equivalentes.

Art. 22. O ensino de 2º grau terá três ou quatro séries anuais, conforme previsto para cada habilitação, compreendendo, pelo menos, 2.200 ou 2.900 horas de trabalho escolar efetivo, respectivamente.

Parágrafo único. Mediante aprovação dos respectivos Conselhos de Educação, os sistemas de ensino poderão admitir que, no regime de matrícula por disciplina, o aluno possa concluir em dois anos no mínimo, e cinco no máximo, os estudos correspondentes a três séries da escola de 2° grau.

> **Art. 22. O ensino de 2° grau terá a duração mínima de 2.200 (duas mil e duzentas) horas de trabalho escolar efetivo e será desenvolvido em pela menos três séries anuais.**
>
> **§ 1° Quando se tratar de habilitação profissional, esse mínimo poderá ser ampliado pelo Conselho Federal de Educação, de acordo com a natureza e o nível dos estudos pretendidos.**
>
> **§ 2° Mediante aprovação dos respectivos Conselhos de Educação, os sistemas de ensino poderão admitir que, no regime de matrícula por disciplina, o aluno possa concluir em dois anos, no mínimo, a cinco, no máximo, os estudos correspondente a três séries da escola de 2° grau.** (Alterado pela Lei n. 7.044, de 18/10/82)

> **Art. 1° O planejamento curricular do ensino fundamental e do ensino médio deverá garantir para cada aluno carga horária anual de, pelo menos, oitocentas horas-aula.**
>
> **§ 1° As horas-aula serão utilizadas para ministrar efetivamente os conteúdos programáticos estabelecidos nos planos curriculares, incluindo os processos de avaliação do rendimento escolar.**
>
> **§ 2° Para efeito da carga horária estabelecida neste decreto, não se contará o tempo destinado a atividades extracurriculares".** (Alterado e acrescentado pelo Decreto n. 240, de 25/10/91, que revogou o Decreto n. 13, de 1991)

Art. 23. Observado o que sobre o assunto conste da legislação própria:

a) a conclusão da 3ª série do ensino de 2º grau, ou do correspondente no regime de matrícula por disciplinas, habilitará ao prosseguimento de estudos em grau superior;

b) os estudos correspondentes à 4ª série do ensino de 2º grau poderão, quando equivalentes, ser aproveitados em curso superior da mesma área ou de áreas afins. (*caput* e alíneas revogados pela Lei n. 7.044, de 18/10/82)

CAPÍTULO IV
Do Ensino Supletivo

Art. 24. O ensino supletivo terá por finalidade:

a) suprir a escolarização regular para os adolescentes e adultos que não a tenham seguido ou concluído na idade própria;

b) proporcionar, mediante repetida volta à escola, estudos de aperfeiçoamento ou atualização para os que tenham seguido o ensino regular no todo ou em parte.

Parágrafo único. O ensino supletivo abrangerá cursos e exames a serem organizados nos vários sistemas de acordo com as normas baixadas pelos respectivos Conselhos de Educação.

Art. 25. O ensino supletivo abrangerá, conforme as necessidades a atender, desde a iniciação no ensino de ler, escrever e contar e a formação profissional definida em lei específica até o estudo intensivo de disciplinas do ensino regular e a atualização de conhecimentos.

§ 1º Os cursos supletivos terão estrutura, duração e regime escolar que se ajustem às suas finalidades próprias e ao tipo especial de aluno a que se destinam.

§ 2º Os cursos supletivos serão ministrados em classes ou mediante a utilização de rádios, televisão, correspondência e outros meios de comunicação que permitam alcançar o maior número de alunos.

Art. 26. Os exames supletivos compreenderão a parte do currículo resultante do núcleo comum, fixado pelo Conselho

Federal de Educação, habilitando ao prosseguimento de estudos em caráter regular, e poderão, quando realizadas para o exclusivo efeito de habilitação profissional de 2º grau, abranger somente o mínimo estabelecido pelo mesmo Conselho.

§ 1º Os exames a que se refere este artigo deverão realizar-se:

a) ao nível de conclusão do ensino de 1º grau, para os maiores de 18 anos;

b) ao nível de conclusão do ensino de 2º grau, para os maiores de 21 anos.

§ 2º Os exames supletivos ficarão a cargo de estabelecimentos oficiais ou reconhecidos indicados nos vários sistemas, anualmente, pelos respectivos Conselhos de Educação.

§ 3º Os exames supletivos poderão ser unificados na jurisdição de todo um sistema de ensino, ou parte deste, de acordo com normas especiais baixadas pelo respectivo Conselho de Educação.

Art. 27. Desenvolver-se-ão, ao nível de uma ou mais das quatro últimas séries do ensino de 1º grau, cursos de aprendizagem, ministrados a alunos de 14 a 18 anos, em complementação da escolarização regular, e, a esse nível ou ao de 2º grau, cursos intensivos de qualificação profissional.

Parágrafo único. Os cursos de aprendizagem e os de qualificação darão direito a prosseguimento de estudos quando incluírem disciplinas, áreas de estudo e atividades que os tornem equivalentes ao ensino regular conforme estabeleçam as normas dos vários sistemas.

Art. 28. Os certificados de aprovação em exames supletivos e os relativos à conclusão de cursos de aprendizagem e qualificação serão expedidos pelas instituições que os mantenham.

CAPÍTULO V

Dos Professores e Especialistas

Art. 29. A formação de professores e especialistas para o ensino de 1º e 2º graus será feita em níveis que se elevem progressivamente, ajustando-se às diferenças culturais de cada região do País, e com orientação que atenda aos objetivos específicos de cada grau, às características das disciplinas, áreas de estudo ou atividades e às fases de desenvolvimento dos educandos.

Art. 30. Exigir-se-á como formação mínima para o exercício do magistério:

a) no ensino de 1° grau, da 1ª à 4ª séries, habilitação específica de 2° grau;

b) no ensino de 1° grau, da 1ª à 8ª séries, habilitação específica de grau superior, ao nível de graduação, representada por licenciatura de 1° grau, obtida em curso de curta duração;

c) em todo o ensino de 1° e 2° graus, habilitação específica obtida em curso superior de graduação correspondente a licenciatura plena.

§ 1° Os professores a que se refere a letra a) poderão lecionar na 5ª e 6ª séries do ensino de 1° grau se a sua habilitação houver sido obtida em quatro séries ou, quando em três, mediante estudos adicionais correspondentes a um ano letivo, que incluirão, quando for o caso, formação pedagógica.

> **§ 1° Os professores a que se refere a alínea "*a*" poderão lecionar na 5ª e 6ª séries do ensino de 1° grau, mediante estudos adicionais cujos mínimos de conteúdo e duração serão fixados pelos competentes Conselhos de Educação.** (Alterado pela Lei n. 7.044, de 18/10/82)

§ 2° Os professores a que se refere a letra b) poderão alcançar, no exercício do magistério, a 2ª série do ensino de 2° grau mediante estudos adicionais correspondentes no mínimo a um ano letivo.

§ 3° Os estudos adicionais referidos nos parágrafos anteriores poderão ser objeto de aproveitamento em cursos ulteriores.

Art. 31. As licenciaturas de 1º grau e os estudos adicionais referidos no § 2º do artigo anterior serão ministrados nas universidades e demais instituições que mantenham cursos de duração plena.

Parágrafo único. As licenciaturas de 1º grau e os estudos adicionais, de preferência nas comunidades menores, poderão também ser ministradas em faculdades, centros, escolas, institutos e outros tipos de estabelecimentos criados ou adaptados para esse fim, com autorização e reconhecimento na forma da lei.

Art. 32. O pessoal docente do ensino supletivo terá preparo adequado às características especiais desse tipo de ensino, de acordo com as normas estabelecidas pelos Conselhos de Educação.

Art. 33. A formação de administradores, planejadores, orientadores, inspetores, supervisores e demais especialistas de educação será feita em curso superior de graduação, com duração plena ou curta, ou de pós-graduação.

Art. 34. A admissão de professores e especialistas no ensino oficial de 1º e 2º graus far-se-á por concurso público de provas e títulos, obedecidas para inscrição as exigências de formação constantes desta Lei.

Art. 35. Não haverá qualquer distinção, para efeitos didáticos e técnicos, entre os professores e especialistas subordinados ao regime das leis do trabalho e os admitidos no regime do serviço público.

Art. 36. Em cada sistema de ensino, haverá um estatuto que estruture a carreira de magistério de 1º e 2º graus, com acessos graduais e sucessivos, regulamentando as disposições específicas da presente Lei e complementando-as no quadro da organização própria do sistema.

Art. 37. A admissão e a carreira de professores e especialistas, nos estabelecimentos particulares de ensino de 1º e 2º graus, obedecerão às disposições específicas desta Lei, às normas constantes obrigatoriamente dos respectivos regimentos e ao regime das Leis do Trabalho.

Art. 38. Os sistemas de ensino estimularão, mediante planejamento apropriado, o aperfeiçoamento e atualização constantes dos seus professores e especialistas de Educação.

Art. 39. Os sistemas de ensino devem fixar a remuneração dos professores e especialistas de ensino de 1º e 2º graus, tendo em vista a maior qualificação em cursos e estágios de formação, aperfeiçoamento ou especialização, sem distinção de graus escolares em que atuem.

Art. 40. Será condição para exercício de magistério ou especialidade pedagógica o registro profissional, em órgão do Ministério da Educação e Cultura, dos titulares sujeitos à formação de grau superior. (Regulamentado pelo Decreto n. 70.929, de 3/8/72)

CAPÍTULO VI
Do Financiamento

Art. 41. A educação constitui dever da União, dos Estados, do Distrito Federal, dos Territórios, dos Municípios, das empresas, da família e da comunidade em geral, que entrosarão recursos e esforços para promovê-la e incentivá-la.

Parágrafo único. Respondem, na forma da lei, solidariamente com o Poder Público, pelo cumprimento do preceito constitucional da obrigatoriedade escolar, os pais ou responsáveis e os empregadores de toda natureza de que os mesmos sejam dependentes.

Art. 42. O ensino nos diferentes graus será ministrado pelos poderes públicos e, respeitadas as leis que o regulam, é livre à iniciativa particular.

Art. 43. Os recursos públicos destinados à educação serão aplicados preferencialmente na manutenção e desenvolvimento do ensino oficial, de modo que se assegurem:

a) maior número possível de oportunidades educacionais;

b) a melhoria progressiva do ensino, o aperfeiçoamento e a assistência ao magistério e aos serviços de educação;

c) o desenvolvimento científico e tecnológico.

Art. 44. Nos estabelecimentos oficiais, o ensino de 1º grau é gratuito dos 7 aos 14 anos, e o de níveis ulteriores sê-lo-á para quantos provarem falta ou insuficiência de recursos e não tenham repetido mais de um ano letivo ou estudos correspondentes no regime de matrícula por disciplinas.

Art. 45. As instituições de ensino mantidas pela iniciativa particular merecerão amparo técnico e financeiro do Poder Público, quando suas condições de funcionamento forem julgadas satisfatórias pelos órgãos de fiscalização, e a suplementação de seus recursos se revelar mais econômica para o atendimento do objetivo.

Parágrafo único. O valor dos auxílios concedidos nos termos deste artigo será calculado com base no número de matrículas gratuitas e na modalidade dos respectivos cursos, obedecidos padrões mínimos de eficiência escolar previamente estabelecidos e tendo em vista o seu aprimoramento.

Art. 46. O amparo do Poder Público a quantos demonstrarem aproveitamento e provarem falta ou insuficiência de recursos far-se-á sob forma de concessão de bolsas de estudo.

Parágrafo único. Somente serão concedidas bolsas de estudo gratuitas no ensino de 1º grau quando não houver vaga em estabelecimento oficial que o aluno possa frequentar com assiduidade.

Art. 47. As empresas comerciais, industriais e agrícolas são obrigadas a manter o ensino de 1º grau gratuito para seus empregados e o ensino dos filhos destes entre os sete e os quatorze anos ou a concorrer para esse fim mediante a contribuição do salário-educação, na forma estabelecida por lei.

Art. 48. O salário-educação, instituído pela Lei n. 4.440, de 27 de outubro de 1964, será devido por todas as empresas e demais entidades públicas ou privadas, vinculadas à Previdência Social, ressalvadas as exceções previstas na legislação específica.

Art. 49. As empresas e os proprietários rurais que não puderem manter em suas glebas ensino para os seus empregados e os filhos destes são obrigados, sem prejuízo do disposto no artigo 47, a facilitar-lhes a frequência à escola mais próxima ou a propiciar a instalação e o funcionamento de escolas gratuitas em suas propriedades.

Art. 50. As empresas comerciais e industriais são ainda obrigadas a assegurar, em cooperação, condições de aprendizagem aos seus trabalhadores menores e a promover o preparo de seu pessoal qualificado.

Art. 51. Os sistemas de ensino atuarão junto às empresas de qualquer natureza, urbanas ou agrícolas, que tenham empregados residentes em suas dependências, no sentido de que instalem e mantenham, conforme dispuser o respectivo sistema e dentro das peculiaridades locais, receptores de rádio e televisão educativos para o seu pessoal.

Parágrafo único. As entidades particulares que recebam subvenções ou auxílios do Poder Público deverão colaborar, mediante solicitação deste, no ensino supletivo de adolescentes e adultos, ou na promoção de cursos e outras atividades com finalidade educativo-cultural, instalando postos de rádio ou televisão educativos.

Art. 52. A União prestará assistência financeira aos Estados e ao Distrito Federal para o desenvolvimento de seus sistemas de ensino e organizará o sistema federal, que terá caráter supletivo e se estenderá por todo o País, nos estritos limites das deficiências locais.

Art. 53. O Governo Federal estabelecerá e executará planos nacionais de educação que, nos termos do artigo 52, abrangerão os programas de iniciativa própria e os de concessão de auxílios.

Parágrafo único. O planejamento setorial da educação deverá atender às diretrizes e normas do Plano Geral do Governo, de modo que a programação a cargo dos órgãos da direção superior do Ministério da Educação e Cultura se integre harmonicamente nesse Plano Geral.

Art. 54. Para efeito de concessão de auxílios, os planos dos sistemas de ensino deverão ter a duração de quatro anos, ser aprovados pelo respectivo Conselho de Educação e estar em consonância com as normas e critérios do planejamento nacional da educação.

§ 1º A concessão de auxílio federal aos sistemas estaduais de ensino e ao sistema do Distrito Federal visará a corrigir as diferenças regionais de desenvolvimento sócio-econômico, tendo em vista renda *per capita* e população a ser escolarizada, o respectivo estatuto do magistério, bem como a remuneração condigna e pontual dos professores e o progresso quantitativo e qualitativo dos serviços de ensino verificado no biênio anterior.

§ 2º A concessão do auxílio financeiro aos sistemas estaduais e ao sistema do Distrito Federal far-se-á mediante convênio, com base em planos e projetos apresentados pelas respectivas administrações e aprovados pelos Conselhos de Educação. (Regulamentado pelo Decreto n. 71.244, de 11/10/72, alterado pelo Decreto n. 71.633, de 29/12/72)

§ 3º A concessão de auxílio financeiro aos programas de educação dos Municípios, integrados nos planos estaduais, far-se-á mediante convênio, com base em planos e projetos apresentados pelas respectivas administrações e aprovados pelos Conselhos de Educação.

Art. 55. Cabe à União organizar e financiar os sistemas de ensino dos Territórios, segundo o planejamento setorial da educação.

Art. 56. Cabe à União destinar recursos para a concessão de bolsas de estudo.

§ 1º Aos recursos federais, os Estados, o Distrito Federal e os Municípios acrescerão recursos próprios para o mesmo fim.

§ 2º As normas que disciplinam a concessão de bolsas de estudo decorrentes dos recursos federais seguirão as diretrizes estabelecidas pelo Ministério da Educação e Cultura, que poderá delegar a entidades municipais de assistência educacional, de que trata o § 2º do artigo 62, a adjudicação dos auxílios.

§ 3º O Programa Especial de Bolsas de Estudo (PEBE) reger-se-á por normas estabelecidas pelo Ministério do Trabalho e Previdência Social.

Art. 57. A assistência técnica da União aos sistemas estaduais de ensino e do Distrito Federal será prestada pelos órgãos da administração do Ministério da Educação e Cultura e pelo Conselho Federal de Educação.

Parágrafo único. A assistência técnica incluirá colaboração e suprimento de recursos financeiros para preparação, acompanhamento e avaliação dos planos e projetos educacionais que objetivam o atendimento das prescrições do plano setorial de educação da União.

Art. 58. A legislação estadual supletiva, observado o disposto no artigo 15 da Constituição Federal, estabelecerá as responsabilidades do próprio Estado e dos seus Municípios no desenvolvimento dos diferentes graus de ensino e disporá sobre medidas que visem a tornar mais eficiente a aplicação dos recursos públicos destinados à educação.

Parágrafo único. As providências de que trata este artigo visarão à progressiva passagem para a responsabilidade municipal de encargo e serviços de educação, especialmente de 1º grau, que pela sua natureza possam ser realizados mais satisfatoriamente pelas administrações locais.

Art. 59. Aos municípios que não aplicarem, em cada ano, pelo menos 20% da receita tributária municipal no ensino de

1º grau aplicar-se-á o disposto no artigo 15, 3º, alínea *f*, da Constituição.

Parágrafo único. Os municípios destinarão ao ensino de 1º grau pelo menos 20% das transferências que lhes couberem no Fundo de Participação.

Parágrafo único — Os Municípios destinarão à Educação e Cultura um mínimo de 20% (vinte por cento) das transferências que lhes couberem no Fundo de Participação, na forma que vier a ser estabelecida em ato do Poder Executivo. (Alterado pela Lei n. 6.536, de 16/6/78)

Art. 60. É vedado ao Poder Público e aos respectivos órgãos da administração indireta criar ou auxiliar financeiramente estabelecimentos ou serviços de ensino que constituam duplicação desnecessária ou dispersão prejudicial de recursos humanos, a juízo do competente Conselho de Educação.

Art. 61. Os sistemas de ensino estimularão as empresas que tenham em seus serviços mães de menores de sete anos a organizar e manter, diretamente ou em cooperação, inclusive com o Poder Público, educação que preceda o ensino de 1º grau.

Art. 62. Cada sistema de ensino compreenderá obrigatoriamente, além de serviços de assistência educacional que assegurem aos alunos necessitados condições de eficiência escolar, entidades que congreguem professores e pais de alunos, com o objetivo de colaborar para o eficiente funcionamento dos estabelecimentos de ensino.

1º Os serviços de assistência educacional de que trata este artigo destinar-se-ão, de preferência, a garantir o cumprimento da obrigatoriedade escolar e incluirão auxílios para a aquisição de material escolar, transporte, vestuário, alimentação, tratamento médico e dentário e outras formas de assistência familiar.

2º O Poder Público estimulará a organização de entidades locais de assistência educacional, constituídas de pessoas de comprovada idoneidade, devotadas aos problemas sócio-educacionais, que, em colaboração com a comunidade, possam incumbir-se da execução total ou parcial dos serviços de que trata este artigo, assim como da adjudicação de bolsas de estudo.

Art. 63. A gratuidade da escola oficial e as bolsas de estudo oferecidas pelo Poder Público serão progressivamente substituídas, no ensino de 2º grau, pela concessão de bolsas sujeitas à restituição.

Parágrafo único. A restituição de que trata este artigo poderá fazer-se em espécie ou em serviços profissionais, na forma de que a lei determinar.

CAPÍTULO VII
Das Disposições Gerais

Art. 64. Os Conselhos de Educação poderão autorizar experiências pedagógicas com regimes diversos dos prescritos na presente Lei, assegurando a validade dos estudos assim realizados.

Art. 65. Para efeito de registro e exercício profissional, o Conselho Federal de Educação fixará as normas de revalidação dos diplomas e certificados das habilitações, correspondentes ao ensino de 2º grau, expedidos por instituições estrangeiras.

Art. 66. Ficam automaticamente reajustadas, quanto à nomenclatura, as disposições da legislação anterior que permaneçam em vigor após a vigência da presente Lei.

Art. 67. Fica mantido o regime especial para os alunos de que trata o Decreto-Lei n. 1.044, de 21 de outubro de 1969.

Art. 68. O ensino ministrado nos estabelecimentos militares é regulado por legislação específica.

Art. 69. O Colégio Pedro II integrará o sistema federal de ensino.

Art. 70. As administrações dos sistemas de ensino e as pessoas jurídicas de direito privado poderão instituir para alguns ou todos os estabelecimentos de 1º e 2º graus por elas mantidos, um regimento comum que, assegurando a unidade básica estrutural e funcional da rede, preserve a necessária flexibilidade didática de cada escola.

CAPÍTULO VIII
Das Disposições Transitórias

Art. 71. Os Conselhos Estaduais de Educação poderão delegar parte de suas atribuições a Conselhos de Educação que se organizem nos Municípios onde haja condições para tanto.

Art. 72. A implantação do regime instituído na presente Lei far-se-á progressivamente, segundo as peculiaridades, possibilidades e legislação de cada sistema de ensino, com observância do Plano Estadual de Implantação que deverá seguir-se a um planejamento prévio elaborado para fixar as linhas gerais daquele, e disciplinar o que deva ter execução imediata.

Parágrafo único. O planejamento prévio e o Plano Estadual de Implantação, referidos neste artigo, deverão ser elaborados pelos órgãos próprios do respectivo sistema de ensino, dentro de 60 dias o primeiro e 210 o segundo, a partir da vigência desta Lei.

Art. 73. O Ministro da Educação e Cultura, ouvido o Conselho Federal de Educação, decidirá das questões suscitadas pela transição do regime anterior, para o que se institui na presente Lei, baixando os atos que a tanto se façam necessários.

Art. 74. Ficam integrados nos respectivos sistemas estaduais os estabelecimentos particulares de ensino médio até agora vinculados ao sistema federal.

Art. 75. Na implantação do regime instituído pela presente Lei, observar-se-ão as seguintes prescrições em relação a estabelecimentos oficiais e particulares de 1º grau:

I — as atuais escolas primárias deverão instituir, progressivamente, as séries que lhes faltam para alcançar o ensino completo de 1º grau;

II — os atuais estabelecimentos que mantenham ensino ginasial poderão continuar a ministrar apenas as séries que lhes correspondem, redefinidas quanto à ordenação e à composição curricular, até que alcancem as oito da escola completa de 1° grau;

III — os novos estabelecimentos deverão, para fins de autorização, indicar nos planos respectivos a forma pela qual pretendem desenvolver, imediata ou progressivamente, o ensino completo de 1° grau.

Art. 76. A iniciação para o trabalho e a habilitação profissional poderão ser antecipadas:

a) ao nível da série realmente alcançada pela gratuidade escolar em cada sistema, quando inferior à oitava;

b) para a adequação às condições individuais, inclinações e idade dos alunos.

Art. 76. A preparação para o trabalho no ensino de 1° grau, obrigatória nos termos da presente Lei, poderá ensejar qualificação profissional, ao nível da série realmente alcançada pela gratuidade escolar em cada sistema, para adequação às condições individuais, inclinações e idade dos alunos. (Alterado pela Lei n. 7.044, de 18/10/82)

Art. 77. Quando a oferta de professores legalmente habilitados não bastar para atender às necessidades do ensino, permitir-se-á que lecionem, em caráter suplementar e a título precário:

a) no ensino de 1° grau, até a 8ª série, os diplomados com habilitação para o magistério ao nível da 4ª série de 2° grau;

b) no ensino de 1° grau, até a 6ª série, os diplomados com habilitação para o magistério ao nível da 3ª série de 2° grau;

c) no ensino de 2° grau, até a série final, os portadores de diploma relativo à licenciatura de 1° grau.

Parágrafo único. Onde e quando persistir a falta real de professores, após a aplicação dos critérios estabelecidos neste artigo, poderão ainda lecionar:

a) no ensino de 1º grau, até a 6ª série, candidatos que hajam concluído a 8ª série e venham a ser preparados em cursos intensivos;

b) no ensino de 1º grau, até a 5ª série, candidatos habilitados em exames de capacitação regulados, nos vários sistemas, pelos respectivos Conselhos de Educação;

c) nas demais séries do ensino de 1º grau e no de 2º grau, candidatos habilitados em exames de suficiência regulados pelo Conselho Federal de Educação e realizados em instituições oficiais de ensino superior indicados pelo mesmo Conselho.

Art. 78. Quando a oferta de professores licenciados não bastar para atender às necessidades do ensino, os profissionais diplomados em outros cursos de nível superior poderão ser registrados no Ministério da Educação e Cultura, mediante complementação de seus estudos, na mesma área ou em áreas afins, onde se inclua a formação pedagógica, observados os critérios estabelecidos pelo Conselho Federal de Educação.

Art. 79. Quando a oferta de profissionais legalmente habilitados para o exercício das funções de direção dos estabelecimentos de um sistema, ou parte deste, não bastar para atender às suas necessidades, permitir-se-á que as respectivas funções sejam exercidas por professores habilitados para o mesmo grau escolar, com experiência de magistério.

Art. 80. Os sistemas de ensino deverão desenvolver programas especiais de recuperação para os professores sem a formação prescrita no artigo 29 desta Lei, a fim de que possam atingir gradualmente a qualificação exigida.

Art. 81. Os sistemas de ensino estabelecerão prazos, a contar da aprovação do Plano Estadual referido no artigo 72, dentro dos quais deverão os estabelecimentos de sua jurisdição apresentar os respectivos regimentos adaptados à presente Lei.

Parágrafo único. Nos três primeiros anos de vigência desta Lei, os estabelecimentos oficiais de 1º grau que não tenham regimento próprio, regularmente aprovado, deverão reger-se por normas expedidas pela administração dos sistemas.

Art. 82. Os atuais inspetores federais de ensino poderão ser postos à disposição dos sistemas que necessitem de sua colaboração, preferencialmente daquele em cuja jurisdição estejam lotados.

Art. 83. Os concursos para cargos do magistério em estabelecimentos oficiais cujas inscrições foram encerradas até a data da publicação desta Lei serão regidos pela legislação citada nos respectivos editais.

Art. 84. Ficam ressalvados os direitos dos atuais diretores, inspetores, orientadores e administradores de estabelecimentos de ensino estáveis no serviço público, antes da vigência da presente Lei.

Art. 85. Permanecem, para todo o corrente ano, as exigências de idade e os critérios de exame supletivo constantes da legislação vigente na data da promulgação desta Lei.

Art. 86. Ficam assegurados os direitos dos atuais professores com registro definitivo no Ministério da Educação, antes da vigência desta Lei.

Art. 87. Ficam revogados os artigos de números 18, 21, 23 a 29, 31 a 65, 92 a 95, 97 a 99, 101 a 103, 105, 109, 110, 113 e 116 da Lei n. 4.024, de 20 de dezembro de 1961, bem como as disposições de leis gerais e especiais que regulem em contrário ou de forma diversa a matéria contida na presente Lei.

Art. 88. Esta Lei entrará em vigor na data de sua publicação.

Capítulo 5

A Lei n. 9.394 (Diretrizes e Bases da Educação Nacional), de 20/12/1996 (atualizada até junho de 2010)

TÍTULO I
Da Educação

Art. 1º A educação abrange os processos formativos que se desenvolvem na vida familiar, na convivência humana, no trabalho, nas instituições de ensino e pesquisa, nos movimentos sociais e organizações da sociedade civil e nas manifestações culturais.

§ 1º Esta Lei disciplina a educação escolar, que se desenvolve, predominantemente, por meio do ensino, em instituições próprias.

§ 2º A educação escolar deverá vincular-se ao mundo do trabalho e à prática social.

TÍTULO II
Dos Princípios e Fins da Educação Nacional

Art. 2º A educação, dever da família e do Estado, inspirada nos princípios de liberdade e nos ideais de solidariedade humana, tem por finalidade o pleno desenvolvimento do educando, seu preparo para o exercício da cidadania e sua qualificação para o trabalho.

Art. 3º O ensino será ministrado com base nos seguintes princípios:

I — igualdade de condições para o acesso e permanência na escola;

II — liberdade de aprender, ensinar, pesquisar e divulgar a cultura, o pensamento, a arte e o saber;

III — pluralismo de ideias e de concepções pedagógicas;

IV — respeito à liberdade e apreço à tolerância;

V — coexistência de instituições públicas e privadas de ensino;

VI — gratuidade do ensino público em estabelecimentos oficiais;

VII — valorização do profissional da educação escolar;

VIII — gestão democrática do ensino público, na forma desta Lei e da legislação dos sistemas de ensino;

IX — garantia de padrão de qualidade;

X — valorização da experiência extra-escolar;

XI — vinculação entre a educação escolar, o trabalho e as práticas sociais.

TÍTULO III

Do Direito à Educação e do Dever de Educar

Art. 4º O dever do Estado com educação escolar pública será efetivado mediante a garantia de:

I — ensino fundamental, obrigatório e gratuito, inclusive para os que a ele não tiveram acesso na idade própria;

II — progressiva extensão da obrigatoriedade e gratuidade ao ensino médio;

III — atendimento educacional especializado gratuito aos educandos com necessidades especiais, preferencialmente na rede regular de ensino;

IV — atendimento gratuito em creches e pré-escolas às crianças de zero a seis anos de idade;

V — acesso aos níveis mais elevados do ensino, da pesquisa e da criação artística, segundo a capacidade de cada um;

VI — oferta de ensino noturno regular, adequado às condições do educando;

VII — oferta de educação escolar regular para jovens e adultos, com características e modalidades adequadas às suas necessidades e disponibilidades, garantindo-se aos que forem trabalhadores as condições de acesso e permanência na escola;

VIII — atendimento ao educando, no ensino fundamental público, por meio de programas suplementares de material didático-escolar, transporte, alimentação e assistência à saúde;

IX — padrões mínimos de qualidade de ensino, definidos como a variedade e quantidade mínimas, por aluno, de insumos indispensáveis ao desenvolvimento do processo de ensino-aprendizagem.

Art. 5º O acesso ao ensino fundamental é direito público subjetivo, podendo qualquer cidadão, grupo de cidadãos, associação comunitária, organização sindical, entidade de classe ou outra legalmente constituída, e, ainda, o Ministério Público, acionar o Poder Público para exigi-lo.

§ 1º Compete aos Estados e aos Municípios, em regime de colaboração, e com a assistência da União:

I — recensear a população em idade escolar para o ensino fundamental, e os jovens e adultos que a ele não tiveram acesso;

II — fazer-lhes a chamada pública;

III — zelar, junto aos pais ou responsáveis, pela frequência à escola.

§ 2º Em todas as esferas administrativas, o Poder Público assegurará em primeiro lugar o acesso ao ensino obrigatório, nos termos deste artigo, contemplando em seguida os demais níveis e modalidades de ensino, conforme as prioridades constitucionais e legais.

§ 3º Qualquer das partes mencionadas no *caput* deste artigo tem legitimidade para peticionar no Poder Judiciário, na hipótese do § 2º do art. 208 da Constituição Federal, sendo gratuita e de rito sumário a ação judicial correspondente.

§ 4º Comprovada a negligência da autoridade competente para garantir o oferecimento do ensino obrigatório, poderá ela ser imputada por crime de responsabilidade.

§ 5º Para garantir o cumprimento da obrigatoriedade de ensino, o Poder Público criará formas alternativas de acesso aos diferentes níveis de ensino, independentemente da escolarização anterior.

Art. 6º É dever dos pais ou responsáveis efetuar a matrícula dos menores, a partir dos sete anos de idade, no ensino fundamental.

> **Art. 6º É dever dos pais ou responsáveis efetuar a matrícula dos menores, a partir dos seis anos de idade, no ensino fundamental.** (Alterado pela Lei n. 11.114, de 16/5/05)

Art. 7º O ensino é livre à iniciativa privada, atendidas as seguintes condições:

I — cumprimento das normas gerais da educação nacional e do respectivo sistema de ensino;

II — autorização de funcionamento e avaliação de qualidade pelo Poder Público;

III — capacidade de autofinanciamento, ressalvado o previsto no art. 213 da Constituição Federal.

TÍTULO IV
Da Organização da Educação Nacional

Art. 8º A União, os Estados, o Distrito Federal e os Municípios organizarão, em regime de colaboração, os respectivos sistemas de ensino.

§ 1º Caberá à União a coordenação da política nacional de educação, articulando os diferentes níveis e sistemas e exercendo função normativa, redistributiva e supletiva em relação às demais instâncias educacionais.

§ 2º Os sistemas de ensino terão liberdade de organização nos termos desta Lei.

Art. 9º A União incumbir-se-á de:

I — elaborar o Plano Nacional de Educação, em colaboração com os Estados, o Distrito Federal e os Municípios;

II — organizar, manter e desenvolver os órgãos e instituições oficiais do sistema federal de ensino e o dos Territórios;

III — prestar assistência técnica e financeira aos Estados, ao Distrito Federal e aos Municípios para o desenvolvimento de seus sistemas de ensino e o atendimento prioritário à escolaridade obrigatória, exercendo sua função redistributiva e supletiva;

IV — estabelecer, em colaboração com os Estados, o Distrito Federal e os Municípios, competências e diretrizes para a educação infantil, o ensino fundamental e o ensino médio, que nortearão os currículos e seus conteúdos mínimos, de modo a assegurar formação básica comum;

V — coletar, analisar e disseminar informações sobre a educação;

VI — assegurar processo nacional de avaliação do rendimento escolar no ensino fundamental, médio e superior, em colaboração com os sistemas de ensino, objetivando a definição de prioridades e a melhoria da qualidade do ensino;

VII — baixar normas gerais sobre cursos de graduação e pós-graduação;

VIII — assegurar processo nacional de avaliação das instituições de educação superior, com a cooperação dos sistemas que tiverem responsabilidade sobre este nível de ensino;

IX — autorizar, reconhecer, credenciar, supervisionar e avaliar, respectivamente, os cursos das instituições de educação superior e os estabelecimentos do seu sistema de ensino.

§ 1º Na estrutura educacional, haverá um Conselho Nacional de Educação, com funções normativas e de supervisão e atividade permanente, criado por lei.

§ 2º Para o cumprimento do disposto nos incisos V a IX, a União terá acesso a todos os dados e informações necessários de todos os estabelecimentos e órgãos educacionais.

§ 3º As atribuições constantes do inciso IX poderão ser delegadas aos Estados e ao Distrito Federal, desde que mantenham instituições de educação superior.

Art. 10. Os Estados incumbir-se-ão de:

I — organizar, manter e desenvolver os órgãos e instituições oficiais dos seus sistemas de ensino;

II — definir, com os Municípios, formas de colaboração na oferta do ensino fundamental, as quais devem assegurar a distribuição proporcional das responsabilidades, de acordo com a população a ser atendida e os recursos financeiros disponíveis em cada uma dessas esferas do Poder Público;

III — elaborar e executar políticas e planos educacionais, em consonância com as diretrizes e planos nacionais de educação, integrando e coordenando as suas ações e as dos seus Municípios;

IV — autorizar, reconhecer, credenciar, supervisionar e avaliar, respectivamente, os cursos das instituições de educação superior e os estabelecimentos do seu sistema de ensino;

V — baixar normas complementares para o seu sistema de ensino;

VI — assegurar o ensino fundamental e oferecer, com prioridade, o ensino médio.

VII — assumir o transporte escolar dos alunos da rede estadual. (Acrescentado pela Lei n. 10.709, de 31/7/03)

Parágrafo único. Ao Distrito Federal aplicar-se-ão as competências referentes aos Estados e aos Municípios.

Art. 11. Os Municípios incumbir-se-ão de:

I — organizar, manter e desenvolver os órgãos e instituições oficiais dos seus sistemas de ensino, integrando-os às políticas e planos educacionais da União e dos Estados;

II — exercer ação redistributiva em relação às suas escolas;

III — baixar normas complementares para o seu sistema de ensino;

IV — autorizar, credenciar e supervisionar os estabelecimentos do seu sistema de ensino;

V — oferecer a educação infantil em creches e pré-escolas, e, com prioridade, o ensino fundamental, permitida a atuação em outros níveis de ensino somente quando estiverem atendidas plenamente as necessidades de sua área de competência e com recursos acima dos percentuais mínimos vinculados pela Constituição Federal à manutenção e desenvolvimento do ensino.

VI — assumir o transporte escolar dos alunos da rede municipal. (Acrescentado pela Lei n. 10.709, de 31/7/03)

Parágrafo único. Os Municípios poderão optar, ainda, por se integrar ao sistema estadual de ensino ou compor com ele um sistema único de educação básica.

Art. 12. Os estabelecimentos de ensino, respeitadas as normas comuns e as do seu sistema de ensino, terão a incumbência de:

I — elaborar e executar sua proposta pedagógica;

II — administrar seu pessoal e seus recursos materiais e financeiros;

III — assegurar o cumprimento dos dias letivos e horas-aula estabelecidas;

IV — velar pelo cumprimento do plano de trabalho de cada docente;

V — prover meios para a recuperação dos alunos de menor rendimento;

VI — articular-se com as famílias e a comunidade, criando processos de integração da sociedade com a escola;

VII — informar os pais e responsáveis sobre a frequência e o rendimento dos alunos, bem como sobre a execução de sua proposta pedagógica.

> **VII — informar pai e mãe, conviventes ou não com seus filhos, e, se for o caso, os responsáveis legais, sobre a frequência e rendimento dos alunos, bem como sobre a execução da proposta pedagógica da escola**; (alterado pela Lei n. 12.013, de 6/8/09)

> **VIII — notificar ao Conselho Tutelar do Município, ao juiz competente da Comarca e ao respectivo representante do Ministério Público, a relação dos alunos que apresentem quantidade de faltas acima de cinquenta por cento do percentual permitido em lei**. (Acrescentado pela Lei n. 10.287, de 20/9/01).

Art. 13. Os docentes incumbir-se-ão de:

I — participar da elaboração da proposta pedagógica do estabelecimento de ensino;

II — elaborar e cumprir plano de trabalho, segundo a proposta pedagógica do estabelecimento de ensino;

III — zelar pela aprendizagem dos alunos;

IV — estabelecer estratégias de recuperação para os alunos de menor rendimento;

V — ministrar os dias letivos e horas-aula estabelecidos, além de participar integralmente dos períodos dedicados ao planejamento, à avaliação e ao desenvolvimento profissional;

VI — colaborar com as atividades de articulação da escola com as famílias e a comunidade.

Art. 14. Os sistemas de ensino definirão as normas da gestão democrática do ensino público na educação básica, de acordo com as suas peculiaridades e conforme os seguintes princípios:

I — participação dos profissionais da educação na elaboração do projeto pedagógico da escola;

II — participação das comunidades escolar e local em conselhos escolares ou equivalentes.

Art. 15. Os sistemas de ensino assegurarão às unidades escolares públicas de educação básica que os integram progressivos graus de autonomia pedagógica e administrativa e de gestão financeira, observadas as normas gerais de direito financeiro público.

Art. 16. O sistema federal de ensino compreende:

I — as instituições de ensino mantidas pela União;

II — as instituições de educação superior criadas e mantidas pela iniciativa privada;

III — os órgãos federais de educação.

Art. 17. Os sistemas de ensino dos Estados e do Distrito Federal compreendem:

I — as instituições de ensino mantidas, respectivamente, pelo Poder Público estadual e pelo Distrito Federal;

II — as instituições de educação superior mantidas pelo Poder Público municipal;

III — as instituições de ensino fundamental e médio criadas e mantidas pela iniciativa privada;

IV — os órgãos de educação estaduais e do Distrito Federal, respectivamente.

Parágrafo único. No Distrito Federal, as instituições de educação infantil, criadas e mantidas pela iniciativa privada, integram seu sistema de ensino.

Art. 18. Os sistemas municipais de ensino compreendem:

I — as instituições do ensino fundamental, médio e de educação infantil mantidas pelo Poder Público municipal;

II — as instituições de educação infantil criadas e mantidas pela iniciativa privada;

III — os órgãos municipais de educação.

Art. 19. As instituições de ensino dos diferentes níveis classificam-se nas seguintes categorias administrativas:

I — públicas, assim entendidas as criadas ou incorporadas, mantidas e administradas pelo Poder Público;

II — privadas, assim entendidas as mantidas e administradas por pessoas físicas ou jurídicas de direito privado.

Art. 20. As instituições privadas de ensino se enquadrarão nas seguintes categorias:

I — particulares em sentido estrito, assim entendidas as que são instituídas e mantidas por uma ou mais pessoas físicas ou jurídicas de direito privado que não apresentem as características dos incisos abaixo;

II — comunitárias, assim entendidas as que são instituídas por grupos de pessoas físicas ou por uma ou mais pessoas jurídicas, inclusive cooperativas de professores e alunos que incluam na sua entidade mantenedora representantes da comunidade;

> **II — comunitárias, assim entendidas as que são instituídas por grupos de pessoas físicas ou por uma ou mais pessoas jurídicas, inclusive cooperativas de pais, professores e alunos, que incluam em sua entidade mantenedora representantes da comunidade**; (alterado pela Lei n. 11.183, de 5/10/05)

> **II — comunitárias, assim entendidas as que são instituídas por grupos de pessoas físicas ou por uma ou mais pessoas jurídicas, inclusive cooperativas educacionais, sem fins lucrativos, que incluam na sua entidade mantenedora representantes da comunidade;** (alterado pela Lei n. 12.020, de 27/8/09)

III — confessionais, assim entendidas as que são instituídas por grupos de pessoas físicas ou por uma ou mais pessoas jurídicas que atendem a orientação confessional e ideologia específicas e ao disposto no inciso anterior;

IV — filantrópicas, na forma da lei.

TÍTULO V

Dos Níveis e das Modalidades de Educação e Ensino

CAPÍTULO I

Da Composição dos Níveis Escolares

Art. 21. A educação escolar compõe-se de:

I — educação básica, formada pela educação infantil, ensino fundamental e ensino médio;

II — educação superior.

CAPÍTULO II

Da Educação Básica

Seção I

Das Disposições Gerais

Art. 22. A educação básica tem por finalidades desenvolver o educando, assegurar-lhe a formação comum indispensável para o exercício da cidadania e fornecer-lhe meios para progredir no trabalho e em estudos posteriores.

Art. 23. A educação básica poderá organizar-se em séries anuais, períodos semestrais, ciclos, alternância regular de períodos de estudos, grupos não seriados, com base na idade, na competência e em outros critérios, ou por forma diversa de organização, sempre que o interesse do processo de aprendizagem assim o recomendar.

§ 1º A escola poderá reclassificar os alunos, inclusive quando se tratar de transferências entre estabelecimentos situados no País e no exterior, tendo como base as normas curriculares gerais.

§ 2º O calendário escolar deverá adequar-se às peculiaridades locais, inclusive climáticas e econômicas, a critério do respectivo sistema de ensino, sem com isso reduzir o número de horas letivas previsto nesta Lei.

Art. 24. A educação básica, nos níveis fundamental e médio, será organizada de acordo com as seguintes regras comuns:

I — a carga horária mínima anual será de oitocentas horas, distribuídas por um mínimo de duzentos dias de efetivo trabalho escolar, excluído o tempo reservado aos exames finais, quando houver;

II — a classificação em qualquer série ou etapas, exceto a primeira do ensino fundamental, pode ser feita:

a) por promoção, para alunos que cursaram, com aproveitamento, a série ou fase anterior, na própria escola;

b) por transferência, para candidatos procedentes de outras escolas;

c) independentemente de escolarização anterior, mediante avaliação feita pela escola, que defina o grau de desenvolvimento e experiência do candidato e permita sua inscrição na série ou etapa adequada, conforme regulamentação do respectivo sistema de ensino;

III — nos estabelecimentos que adotam a progressão regular por série, o regimento escolar pode admitir formas de progressão parcial, desde que preservada a sequência do currículo, observadas as normas do respectivo sistema de ensino;

IV — poderão organizar-se classes, ou turmas, com alunos de séries distintas, com níveis equivalentes de adiantamento na matéria, para o ensino de línguas estrangeiras, artes, ou outros componentes curriculares;

V — a verificação do rendimento escolar observará os seguintes critérios:

a) avaliação contínua e cumulativa do desempenho do aluno, com prevalência dos aspectos qualitativos sobre os quantitativos e dos resultados ao longo do período sobre os de eventuais provas finais;

b) possibilidade de aceleração de estudos para alunos com atraso escolar;

c) possibilidade de avanço nos cursos e nas séries mediante verificação do aprendizado;

d) aproveitamento de estudos concluídos com êxito;

e) obrigatoriedade de estudos de recuperação, de preferência paralelos ao período letivo, para os casos de baixo rendimento escolar, a serem disciplinados pelas instituições de ensino em seus regimentos;

VI — o controle de frequência fica a cargo da escola, conforme o disposto no seu regimento e nas normas do respectivo sistema de ensino, exigida a frequência mínima de setenta e cinco por cento do total de horas letivas para aprovação;

VII — cabe a cada instituição de ensino expedir históricos escolares, declarações de conclusão de série e diplomas ou certificados de conclusão de cursos, com as especificações cabíveis.

Art. 25. Será objetivo permanente das autoridades responsáveis alcançar relação adequada entre o número de alunos e o professor, a carga horária e as condições materiais do estabelecimento.

Parágrafo único. Cabe ao respectivo sistema de ensino, à vista das condições disponíveis e das características regionais e locais, estabelecer parâmetro para atendimento do disposto neste artigo.

Art. 26. Os currículos do ensino fundamental e médio devem ter uma base nacional comum, a ser complementada, em cada sistema de ensino e estabelecimento escolar, por uma parte diversificada, exigida pelas características regionais e locais da sociedade, da cultura, da economia e da clientela.

§ 1º Os currículos a que se refere o *caput* devem abranger, obrigatoriamente, o estudo da língua portuguesa e da matemática, o conhecimento do mundo físico e natural e da realidade social e política, especialmente do Brasil.

§ 2º O ensino da arte constituirá componente curricular obrigatório, nos diversos níveis da educação básica, de forma a promover o desenvolvimento cultural dos alunos.

§ 3º A educação física, integrada à proposta pedagógica da escola, é componente curricular [**obrigatório** — Acrescentado pela Lei n. 10.328, de 12/12/01] da Educação Básica, ajustando-se às faixas etárias e as condições da população escolar, sendo facultativa nos cursos noturnos.

§ 3º A educação física, integrada à proposta pedagógica da escola, é componente curricular obrigatório da educação básica, sendo sua prática facultativa ao aluno:

I — que cumpra jornada de trabalho igual ou superior a seis horas;

II — maior de trinta anos de idade;

III — que estiver prestando serviço militar inicial ou que, em situação similar, estiver obrigado à prática da educação física;

IV — amparado pelo Decreto-Lei n. 1.044, de 21 de outubro de 1969;

V — que tenha prole. (Alterado pela Lei n. 10.793, de 1º/12/03)

§ 4º O ensino da História do Brasil levará em conta as contribuições das diferentes culturas e etnias para a formação do povo brasileiro, especialmente das matrizes indígena, africana e europeia.

§ 5º Na parte diversificada do currículo será incluído, obrigatoriamente, a partir da quinta série, o ensino de pelo menos uma língua estrangeira moderna, cuja escolha ficará a cargo da comunidade escolar, dentro das possibilidades da instituição.

§ 6° A música deverá ser conteúdo obrigatório, mas não exclusivo, do componente curricular de que trata o § 2° deste artigo. (Acrescentado pela Lei n. 11.769, de 18/8/08)

Art. 26-A — Nos estabelecimentos de ensino fundamental e médio, oficiais e particulares, torna-se obrigatório o ensino sobre História e Cultura Afro-Brasileira.

§ 1° O conteúdo programático a que se refere o *caput* **deste artigo incluirá o estudo da História da África e dos Africanos, a luta dos negros no Brasil, a cultura negra brasileira e o negro na formação da sociedade nacional, resgatando a contribuição do povo negro nas áreas social, econômica e política pertinentes à História do Brasil.**

§ 2° Os conteúdos referentes à História e Cultura Afro-Brasileira serão ministrados no âmbito de todo o currículo escolar, em especial nas áreas de Educação Artística e de Literatura e História Brasileiras. (Acrescentado pela Lei n. 10.639, de 9/1/03).

Art. 26-A — Nos estabelecimentos de ensino fundamental e de ensino médio, públicos e privados, torna-se obrigatório o estudo da história e cultura afro-brasileira e indígena.

§ 1° O conteúdo programático a que se refere este artigo incluirá diversos aspectos da história e da cultura que caracterizam a formação da população brasileira, a partir desses dois grupos étnicos, tais como o estudo da história da África e dos africanos, a luta dos negros e dos povos indígenas no Brasil, a cultura negra e indígena brasileira e o negro e o índio na formação da sociedade nacional, resgatando as suas contribuições nas áreas social, econômica e política, pertinentes à história do Brasil.

§ 2º Os conteúdos referentes à história e cultura afro-brasileira e dos povos indígenas brasileiros serão ministrados no âmbito de todo o currículo escolar, em especial nas áreas de educação artística e de literatura e história brasileiras. (O *caput* e os parágrafos foram alterados pela Lei n. 11.645, de 10/3/08).

Art. 27. Os conteúdos curriculares da educação básica observarão, ainda, as seguintes diretrizes:

I — a difusão de valores fundamentais ao interesse social, aos direitos e deveres dos cidadãos, de respeito ao bem comum e à ordem democrática;

II — consideração das condições de escolaridade dos alunos em cada estabelecimento;

III — orientação para o trabalho;

IV — promoção do desporto educacional e apoio às práticas desportivas não formais.

Art. 28. Na oferta de educação básica para a população rural, os sistemas de ensino promoverão as adaptações necessárias à sua adequação às peculiaridades da vida rural e de cada região, especialmente:

I — conteúdos curriculares e metodologias apropriadas às reais necessidades e interesses dos alunos da zona rural;

II — organização escolar própria, incluindo adequação do calendário escolar às fases do ciclo agrícola e às condições climáticas;

III — adequação à natureza do trabalho na zona rural.

Seção II
Da Educação Infantil

Art. 29. A educação infantil, primeira etapa da educação básica, tem como finalidade o desenvolvimento integral da criança até seis anos de idade, em seus aspectos físico, psicológico, intelectual e social, complementando a ação da família e da comunidade.

Art. 30. A educação infantil será oferecida em:

I — creches, ou entidades equivalentes, para crianças de até três anos de idade;

II — pré-escolas, para as crianças de quatro a seis anos de idade.

Art. 31. Na educação infantil a avaliação far-se-á mediante acompanhamento e registro do seu desenvolvimento, sem o objetivo de promoção, mesmo para o acesso ao ensino fundamental.

Seção III
Do Ensino Fundamental

Art. 32. O ensino fundamental, com duração mínima de oito anos, obrigatório e gratuito na escola pública, terá por objetivo a formação básica do cidadão, mediante:

> **Art. 32. O ensino fundamental, com duração mínima de oito anos, obrigatório e gratuito na escola pública a partir dos seis anos, terá por objetivo a formação básica do cidadão mediante:** (Alterado pela Lei n. 11.114, de 16/5/05)

> **Art. 32. O ensino fundamental obrigatório, com duração de 9 (nove) anos, gratuito na escola pública, iniciando-se aos 6 (seis) anos de idade, terá por objetivo a formação básica do cidadão, mediante:** (Alterado pela Lei n. 11.274, de 6/2/06)

I — o desenvolvimento da capacidade de aprender, tendo como meios básicos o pleno domínio da leitura, da escrita e do cálculo;

II — a compreensão do ambiente natural e social, do sistema político, da tecnologia, das artes e dos valores em que se fundamenta a sociedade;

III — o desenvolvimento da capacidade de aprendizagem, tendo em vista a aquisição de conhecimentos e habilidades e a formação de atitudes e valores;

IV — o fortalecimento dos vínculos de família, dos laços de solidariedade humana e de tolerância recíproca em que se assenta a vida social.

§ 1º É facultado aos sistemas de ensino desdobrar o ensino fundamental em ciclos.

§ 2º Os estabelecimentos que utilizam progressão regular por série podem adotar no ensino fundamental o regime de progressão continuada, sem prejuízo da avaliação do processo de ensino-aprendizagem, observadas as normas do respectivo sistema de ensino.

§ 3º O ensino fundamental regular será ministrado em língua portuguesa, assegurada às comunidades indígenas a utilização de suas línguas maternas e processos próprios de aprendizagem.

§ 4º O ensino fundamental será presencial, sendo o ensino a distância utilizado como complementação da aprendizagem ou em situações emergenciais.

§ 5° O currículo do ensino fundamental incluirá, obrigatoriamente, conteúdo que trate dos direitos das crianças e dos adolescentes, tendo como diretriz a Lei n. 8.069, de 13 de julho de 1990, que institui o Estatuto da Criança e do Adolescente, observada a produção e distribuição de material didático adequado. (Acrescentado pela Lei n. 11.525, de 25/9/07)

Art. 33. O ensino religioso, de matrícula facultativa, constitui disciplina dos horários normais das escolas públicas de ensino fundamental, sendo oferecido, sem ônus para os cofres públicos, de acordo com as preferências manifestadas pelos alunos ou por seus responsáveis, em caráter:

I — confessional, de acordo com a opção religiosa do aluno ou do seu responsável, ministrado por professores ou orientadores religiosos preparados e credenciados pelas respectivas igrejas ou entidades religiosas; ou

II — interconfessional, resultante de acordo entre as diversas entidades religiosas, que se responsabilizarão pela elaboração do respectivo programa.

Art. 33. O ensino religioso, de matrícula facultativa, é parte integrante da formação básica do cidadão e constitui disciplina dos horários normais das escolas públicas de ensino fundamental, assegurado o respeito à diversidade cultural religiosa do Brasil, vedadas quaisquer formas de proselitismo.

§ 1° Os sistemas de ensino regulamentarão os procedimentos para a definição dos conteúdos do ensino religioso e estabelecerão as normas para a habilitação e admissão dos professores.

§ 2° Os sistemas de ensino ouvirão entidade civil, constituída pelas diferentes denominações religiosas, para a definição dos conteúdos do ensino religioso. (Alterado pela Lei n. 9.475, de 22/7/97)

Art. 34. A jornada escolar no ensino fundamental incluirá pelo menos quatro horas de trabalho efetivo em sala de aula, sendo progressivamente ampliado o período de permanência na escola.

§ 1º São ressalvados os casos do ensino noturno e das formas alternativas de organização autorizadas nesta Lei.

§ 2º O ensino fundamental será ministrado progressivamente em tempo integral, a critério dos sistemas de ensino.

Seção IV
Do Ensino Médio

Art. 35. O ensino médio, etapa final da educação básica, com duração mínima de três anos, terá como finalidades:

I — a consolidação e o aprofundamento dos conhecimentos adquiridos no ensino fundamental, possibilitando o prosseguimento de estudos;

II — a preparação básica para o trabalho e a cidadania do educando, para continuar aprendendo, de modo a ser capaz de se adaptar com flexibilidade a novas condições de ocupação ou aperfeiçoamento posteriores;

III — o aprimoramento do educando como pessoa humana, incluindo a formação ética e o desenvolvimento da autonomia intelectual e do pensamento crítico;

IV — a compreensão dos fundamentos científico-tecnológicos dos processos produtivos, relacionando a teoria com a prática, no ensino de cada disciplina.

Art. 36. O currículo do ensino médio observará o disposto na Seção I deste Capítulo e as seguintes diretrizes:

I — destacará a educação tecnológica básica, a compreensão do significado da ciência, das letras e das artes; o processo histórico de transformação da sociedade e da cultura; a língua portuguesa como instrumento de comunicação, acesso ao conhecimento e exercício da cidadania;

II — adotará metodologias de ensino e de avaliação que estimulem a iniciativa dos estudantes;

III — será incluída uma língua estrangeira moderna, como disciplina obrigatória, escolhida pela comunidade escolar, e uma segunda, em caráter optativo, dentro das disponibilidades da instituição.

IV — serão incluídas a Filosofia e a Sociologia como disciplinas obrigatórias em todas as séries do ensino médio. (Acrescentado pela Lei n. 11.684, de 2/6/08)

§ 1º Os conteúdos, as metodologias e as formas de avaliação serão organizados de tal forma que ao final do ensino médio o educando demonstre:

I — domínio dos princípios científicos e tecnológicos que presidem a produção moderna;

II — conhecimento das formas contemporâneas de linguagem;

III — domínio dos conhecimentos de Filosofia e de Sociologia necessários ao exercício da cidadania. (Revogado pela Lei n. 11.684, de 2/6/08)

§ 2º O ensino médio, atendida a formação geral do educando, poderá prepará-lo para o exercício de profissões técnicas.* (Revogado pela Lei n. 11.741, de 16/7/08)

§ 3º Os cursos do ensino médio terão equivalência legal e habilitarão ao prosseguimento de estudos.

§ 4º A preparação geral para o trabalho e, facultativamente, a habilitação profissional, poderão ser desenvolvidas nos próprios estabelecimentos de ensino médio ou em cooperação com instituições especializadas em educação profissional. (Revogado pela Lei n. 11.741, de 16/7/08)

Seção IV-A
(Toda a Seção foi incluída pela Lei n. 11.741, de 16/7/08)

Da Educação Profissional Técnica de Nível Médio

Art. 36-A. Sem prejuízo do disposto na Seção IV deste Capítulo, o ensino médio, atendida a formação geral do educando, poderá prepará-lo para o exercício de profissões técnicas.

Parágrafo único. A preparação geral para o trabalho e, facultativamente, a habilitação profissional poderão ser desenvolvidas nos próprios estabelecimentos de ensino médio ou em cooperação com instituições especializadas em educação profissional.

* Regulamentado pelo Decreto n. 5.154, de 23/7/04, que revogou o Decreto n. 2.208, de 17/4/97.

Art. 36-B. A educação profissional técnica de nível médio será desenvolvida nas seguintes formas:

I — articulada com o ensino médio;

II — subsequente, em cursos destinados a quem já tenha concluído o ensino médio.

Parágrafo único. A educação profissional técnica de nível médio deverá observar:

I — os objetivos e definições contidos nas diretrizes curriculares nacionais estabelecidas pelo Conselho Nacional de Educação;

II — as normas complementares dos respectivos sistemas de ensino;

III — as exigências de cada instituição de ensino, nos termos de seu projeto pedagógico.

Art. 36-C. A educação profissional técnica de nível médio articulada, prevista no inciso I do *caput* do art. 36-B desta Lei, será desenvolvida de forma:

I — integrada, oferecida somente a quem já tenha concluído o ensino fundamental, sendo o curso planejado de modo a conduzir o aluno à habilitação profissional técnica de nível médio, na mesma instituição de ensino, efetuando-se matrícula única para cada aluno;

II — concomitante, oferecida a quem ingresse no ensino médio ou já o esteja cursando, efetuando-se matrículas distintas para cada curso, e podendo ocorrer:

a) na mesma instituição de ensino, aproveitando-se as oportunidades educacionais disponíveis;

b) em instituições de ensino distintas, aproveitando-se as oportunidades educacionais disponíveis;

c) em instituições de ensino distintas, mediante convênios de intercomplementaridade, visando ao planejamento e ao desenvolvimento de projeto pedagógico unificado.

Art. 36-D. Os diplomas de cursos de educação profissional técnica de nível médio, quando registrados, terão validade nacional e habilitarão ao prosseguimento de estudos na educação superior.

Parágrafo único. Os cursos de educação profissional técnica de nível médio, nas formas articulada concomitante e subsequente, quando estruturados e organizados em etapas com terminalidade, possibilitarão a obtenção de certificados de qualificação para o trabalho após a conclusão, com aproveitamento, de cada etapa que caracterize uma qualificação para o trabalho.

Seção V
Da Educação de Jovens e Adultos

Art. 37. A educação de jovens e adultos será destinada àqueles que não tiveram acesso ou continuidade de estudos no ensino fundamental e médio na idade própria.

§ 1º Os sistemas de ensino assegurarão gratuitamente, aos jovens e aos adultos que não puderam efetuar os estudos na idade regular, oportunidades educacionais apropriadas, consideradas as características do alunado, seus interesses, condições de vida e de trabalho, mediante cursos e exames.

§ 2º O Poder Público viabilizará e estimulará o acesso e a permanência do trabalhador na escola, mediante ações integradas e complementares entre si.

§ 3º A educação de jovens e adultos deverá articular-se, preferencialmente, com a educação profissional, na forma do regulamento. (Acrescentado pela Lei n. 11.741, de 16/7/08)

Art. 38. Os sistemas de ensino manterão cursos e exames supletivos, que compreenderão a base nacional comum do currículo, habilitando ao prosseguimento de estudos em caráter regular.

§ 1º Os exames a que se refere este artigo realizar-se-ão:

I — no nível de conclusão do ensino fundamental, para os maiores de quinze anos;

II — no nível de conclusão do ensino médio, para os maiores de dezoito anos.

§ 2º Os conhecimentos e habilidades adquiridos pelos educandos por meios informais serão aferidos e reconhecidos mediante exames.

CAPÍTULO III

Da Educação Profissional*

DA EDUCAÇÃO PROFISSIONAL E TECNOLÓGICA (Alterado pela Lei n. 11.741, de 16/7/08)

Art. 39. A educação profissional, integrada às diferentes formas de educação, ao trabalho, à ciência e à tecnologia, conduz ao permanente desenvolvimento de aptidões para a vida produtiva.

Art. 39. A educação profissional e tecnológica, no cumprimento dos objetivos da educação nacional, integra-se aos diferentes níveis e modalidades de educação e às dimensões do trabalho, da ciência e da tecnologia. (Alterado pela Lei n. 11.741, de 16/7/08)

Parágrafo único. O aluno matriculado ou egresso do ensino fundamental, médio e superior, bem como o trabalhador em geral, jovem ou adulto, contará com a possibilidade de acesso à educação profissional.

* Regulamentado inicialmente pelo Decreto n. 2.208, de 17/4/97, e pela Portaria n. 646, de 14/5/97, revogados pelo Decreto n. 5.154, de 23/7/04.

§ 1° Os cursos de educação profissional e tecnológica poderão ser organizados por eixos tecnológicos, possibilitando a construção de diferentes itinerários formativos, observadas as normas do respectivo sistema e nível de ensino.

§ 2° A educação profissional e tecnológica abrangerá os seguintes cursos:

I — de formação inicial e continuada ou qualificação profissional;

II — de educação profissional técnica de nível médio;

III — de educação profissional tecnológica de graduação e pós-graduação.

§ 3° Os cursos de educação profissional tecnológica de graduação e pós-graduação organizar-se-ão, no que concerne a objetivos, características e duração, de acordo com as diretrizes curriculares nacionais estabelecidas pelo Conselho Nacional de Educação. (Alterado e acrescentado pela Lei n. 11.741, de 16/7/08)

Art. 40. A educação profissional será desenvolvida em articulação com o ensino regular ou por diferentes estratégias de educação continuada, em instituições especializadas ou no ambiente de trabalho.

Art. 41. O conhecimento adquirido na educação profissional, inclusive no trabalho, poderá ser objeto de avaliação, reconhecimento e certificação para prosseguimento ou conclusão de estudos.

Art. 41. O conhecimento adquirido na educação profissional e tecnológica, inclusive no trabalho, poderá ser objeto de avaliação, reconhecimento e certificação para prosseguimento ou conclusão de estudos. (Alterado pela Lei n. 11.741, de 16/7/08)

Parágrafo único. Os diplomas de cursos de educação profissional de nível médio, quando registrados, terão validade nacional. (Revogado pela Lei n. 11.741, de 16/7/08)

Art. 42. As escolas técnicas e profissionais, além dos seus cursos regulares, oferecerão cursos especiais, abertos à comunidade, condicionada a matrícula à capacidade de aproveitamento e não necessariamente ao nível de escolaridade.

> **Art. 42. As instituições de educação profissional e tecnológica, além dos seus cursos regulares, oferecerão cursos especiais, abertos à comunidade, condicionada a matrícula à capacidade de aproveitamento e não necessariamente ao nível de escolaridade.** (Alterado pela Lei n. 11.741, de 16/7/08)

CAPÍTULO IV
Da Educação Superior*

Art. 43. A educação superior tem por finalidade:

I — estimular a criação cultural e o desenvolvimento do espírito científico e do pensamento reflexivo;

II — formar diplomados nas diferentes áreas de conhecimento, aptos para a inserção em setores profissionais e para a participação no desenvolvimento da sociedade brasileira, e colaborar na sua formação contínua;

III — incentivar o trabalho de pesquisa e investigação científica, visando o desenvolvimento da ciência e da tecnologia e da criação e difusão da cultura, e, desse modo, desenvolver o entendimento do homem e do meio em que vive;

---

* Regulamentado inicialmente pelo Decreto n. 2.207, de 15/4/97, posteriormente revogado pelo Decreto n. 2.306, de 19/8/97, que, por sua vez, foi revogado pelo Decreto n. 3.860, de 9/7/01, com acréscimo e alterações dadas pelos Decretos ns. 3.864, de 11/7/01, e 3.908, de 4/9/01. Em 2006, tais decretos e o n. 1.845, de 28/3/96, e o n. 5.225, de 1°/10/04, foram revogados pelo Decreto n. 5.773, em 9 de maio, que estabeleceu nova regulamentação, alterada parcialmente em 12/12/07 pelo Decreto n. 6.303.

IV — promover a divulgação de conhecimentos culturais, científicos e técnicos que constituem patrimônio da humanidade e comunicar o saber através do ensino, de publicações ou de outras formas de comunicação;

V — suscitar o desejo permanente de aperfeiçoamento cultural e profissional e possibilitar a correspondente concretização, integrando os conhecimentos que vão sendo adquiridos numa estrutura intelectual sistematizadora do conhecimento de cada geração;

VI — estimular o conhecimento dos problemas do mundo presente, em particular os nacionais e regionais, prestar serviços especializados à comunidade e estabelecer com esta uma relação de reciprocidade;

VII — promover a extensão, aberta à participação da população, visando à difusão das conquistas e benefícios resultantes da criação cultural e da pesquisa científica e tecnológica geradas na instituição.

Art. 44. A educação superior abrangerá os seguintes cursos e programas:

I — cursos sequenciais por campo de saber, de diferentes níveis de abrangência, abertos a candidatos que atendam aos requisitos estabelecidos pelas instituições de ensino;

I — cursos sequenciais por campo de saber, de diferentes níveis de abrangência, abertos a candidatos que atendam aos requisitos estabelecidos pelas instituições de ensino, desde que tenham concluído o ensino médio ou equivalente; (alterado pela Lei n. 11.632, de 27/12/07).

II — de graduação, abertos a candidatos que tenham concluído o ensino médio ou equivalente e tenham sido classificados em processo seletivo;

III — de pós-graduação, compreendendo programas de mestrado e doutorado, cursos de especialização, aperfeiçoamento e outros, abertos a candidatos diplomados em cursos de graduação e que atendam às exigências das instituições de ensino;

IV — de extensão, abertos a candidatos que atendam aos requisitos estabelecidos em cada caso pelas instituições de ensino.

Parágrafo único. Os resultados do processo seletivo referido no inciso II do *caput* deste artigo serão tornados públicos pelas instituições de ensino superior, sendo obrigatória a divulgação da relação nominal dos classificados, a respectiva ordem de classificação, bem como do cronograma das chamadas para matrícula, de acordo com os critérios para preenchimento das vagas constantes do respectivo edital. (Acrescentado pela Lei n. 11.331, de 25/7/06)

Art. 45. A educação superior será ministrada em instituições de ensino superior, públicas ou privadas, com variados graus de abrangência ou especialização.

Art. 46. A autorização e o reconhecimento de cursos, bem como o credenciamento de instituições de educação superior, terão prazos limitados, sendo renovados, periodicamente, após processo regular de avaliação.

§ 1º Após um prazo para saneamento de deficiências eventualmente identificadas pela avaliação a que se refere este artigo, haverá reavaliação, que poderá resultar, conforme o caso, em desativação de cursos e habilitações, em intervenção na instituição, em suspensão temporária de prerrogativas da autonomia, ou em descredenciamento.

§ 2º No caso de instituição pública, o Poder Executivo responsável por sua manutenção acompanhará o processo de saneamento e fornecerá recursos adicionais, se necessários, para a superação das deficiências.

Art. 47. Na educação superior, o ano letivo regular, independente do ano civil, tem, no mínimo, duzentos dias de trabalho acadêmico efetivo, excluído o tempo reservado aos exames finais, quando houver.

§ 1º As instituições informarão aos interessados, antes de cada período letivo, os programas dos cursos e demais componentes curriculares, sua duração, requisitos, qualificação dos professores, recursos disponíveis e critérios de avaliação, obrigando-se a cumprir as respectivas condições.

§ 2º Os alunos que tenham extraordinário aproveitamento nos estudos, demonstrado por meio de provas e outros instrumentos de avaliação específicos, aplicados por banca examinadora especial, poderão ter abreviada a duração dos seus cursos, de acordo com as normas dos sistemas de ensino.

§ 3º É obrigatória a frequência de alunos e professores, salvo nos programas de educação a distância.

§ 4º As instituições de educação superior oferecerão, no período noturno, cursos de graduação nos mesmos padrões de qualidade mantidos no período diurno, sendo obrigatória a oferta noturna nas instituições públicas, garantida a necessária previsão orçamentária.

Art. 48. Os diplomas de cursos superiores reconhecidos, quando registrados, terão validade nacional como prova da formação recebida por seu titular.

§ 1º Os diplomas expedidos pelas universidades serão por elas próprias registrados, e aqueles conferidos por instituições não universitárias serão registrados em universidades indicadas pelo Conselho Nacional de Educação.

§ 2º Os diplomas de graduação expedidos por universidades estrangeiras serão revalidados por universidades públicas que tenham curso do mesmo nível e área ou equivalente, respeitando-se os acordos internacionais de reciprocidade ou equiparação.

§ 3º Os diplomas de Mestrado e de Doutorado expedidos por universidades estrangeiras só poderão ser reconhecidos por universidades que possuam cursos de pós-graduação reconhecidos e avaliados, na mesma área de conhecimento e em nível equivalente ou superior.

Art. 49. As instituições de educação superior aceitarão a transferência de alunos regulares, para cursos afins, na hipótese de existência de vagas, e mediante processo seletivo.

Parágrafo único. As transferências *ex officio* dar-se-ão na forma da Lei.*

Art. 50. As instituições de educação superior, quando da ocorrência de vagas, abrirão matrícula nas disciplinas de seus cursos a alunos não regulares que demonstrarem capacidade de cursá-las com proveito, mediante processo seletivo prévio.

Art. 51. As instituições de educação superior credenciadas como universidades, ao deliberar sobre critérios e normas de seleção e admissão de estudantes, levarão em conta os efeitos desses critérios sobre a orientação do ensino médio, articulando-se com os órgãos normativos dos sistemas de ensino.

Art. 52. As universidades são instituições pluridisciplinares de formação dos quadros profissionais de nível superior, de pesquisa, de extensão e de domínio e cultivo do saber humano, que se caracterizam por:

I — produção intelectual institucionalizada mediante o estudo sistemático dos temas e problemas mais relevantes, tanto do ponto de vista científico e cultural, quanto regional e nacional;

II — um terço do corpo docente, pelo menos, com titulação acadêmica de mestrado ou doutorado;

III — um terço do corpo docente em regime de tempo integral.

Parágrafo único. É facultada a criação de universidades especializadas por campo do saber.

---

* Regulamentado pela Lei n. 9.536, de 11/12/97.

Art. 53. No exercício de sua autonomia, são asseguradas às universidades, sem prejuízo de outras, as seguintes atribuições:

I — criar, organizar e extinguir, em sua sede, cursos e programas de educação superior previstos nesta Lei, obedecendo às normas gerais da União e, quando for o caso, do respectivo sistema de ensino;

II — fixar os currículos dos seus cursos e programas, observadas as diretrizes gerais pertinentes;

III — estabelecer planos, programas e projetos de pesquisa científica, produção artística e atividades de extensão;

IV — fixar o número de vagas de acordo com a capacidade institucional e as exigências do seu meio;

V — elaborar e reformar os seus estatutos e regimentos em consonância com as normas gerais atinentes;

VI — conferir graus, diplomas e outros títulos;

VII — firmar contratos, acordos e convênios;

VIII — aprovar e executar planos, programas e projetos de investimentos referentes a obras, serviços e aquisições em geral, bem como administrar rendimentos conforme dispositivos institucionais;

IX — administrar os rendimentos e deles dispor na forma prevista no ato de constituição, nas leis e nos respectivos estatutos;

X — receber subvenções, doações, heranças, legados e cooperação financeira resultante de convênios com entidades públicas e privadas.

Parágrafo único. Para garantir a autonomia didático-científica das universidades, caberá aos seus colegiados de ensino e pesquisa decidir, dentro dos recursos orçamentários disponíveis, sobre:

I — criação, expansão, modificação e extinção de cursos;

II — ampliação e diminuição de vagas;

III — elaboração da programação dos cursos;

IV — programação das pesquisas e das atividades de extensão;

V — contratação e dispensa de professores;

VI — planos de carreira docente.

Art. 54. As universidades mantidas pelo Poder Público gozarão, na forma da lei, de estatuto jurídico especial para atender às peculiaridades de sua estrutura, organização e financiamento pelo Poder Público, assim como dos seus planos de carreira e do regime jurídico do seu pessoal.

§ 1º No exercício da sua autonomia, além das atribuições asseguradas pelo artigo anterior, as universidades públicas poderão:

I — propor o seu quadro de pessoal docente, técnico e administrativo, assim como um plano de cargos e salários, atendidas as normas gerais pertinentes e os recursos disponíveis;

II — elaborar o regulamento de seu pessoal em conformidade com as normas gerais concernentes;

III — aprovar e executar planos, programas e projetos de investimentos referentes a obras, serviços e aquisições em geral, de acordo com os recursos alocados pelo respectivo Poder mantenedor;

IV — elaborar seus orçamentos anuais e plurianuais;

V — adotar regime financeiro e contábil que atenda às suas peculiaridades de organização e funcionamento;

VI — realizar operações de crédito ou de financiamento, com aprovação do Poder competente, para aquisição de bens imóveis, instalações e equipamentos;

VII — efetuar transferências, quitações e tomar outras providências de ordem orçamentária, financeira e patrimonial necessárias ao seu bom desempenho.

§ 2º Atribuições de autonomia universitária poderão ser estendidas a instituições que comprovem alta qualificação para o ensino ou para a pesquisa, com base em avaliação realizada pelo Poder Público.

Art. 55. Caberá à União assegurar, anualmente, em seu Orçamento Geral, recursos suficientes para manutenção e desenvolvimento das instituições de educação superior por ela mantidas.

Art. 56. As instituições públicas de educação superior obedecerão ao princípio da gestão democrática, assegurada a existência de órgãos colegiados deliberativos, de que participarão os segmentos da comunidade institucional, local e regional.

Parágrafo único. Em qualquer caso, os docentes ocuparão setenta por cento dos assentos em cada órgão colegiado e comissão, inclusive nos que tratarem da elaboração e modificações estatutárias e regimentais, bem como da escolha de dirigentes.

Art. 57. Nas instituições públicas de educação superior, o professor ficará obrigado ao mínimo de oito horas semanais de aulas.

CAPÍTULO V
Da Educação Especial

Art. 58. Entende-se por educação especial, para os efeitos desta Lei, a modalidade de educação escolar, oferecida preferencialmente na rede regular de ensino, para educandos portadores de necessidades especiais.

§ 1º Haverá, quando necessário, serviços de apoio especializado, na escola regular, para atender às peculiaridades da clientela de educação especial.

§ 2º O atendimento educacional será feito em classes, escolas ou serviços especializados, sempre que, em função das condições específicas dos alunos, não for possível a sua integração nas classes comuns de ensino regular.

§ 3º A oferta de educação especial, dever constitucional do Estado, tem início na faixa etária de zero a seis anos, durante a educação infantil.

Art. 59. Os sistemas de ensino assegurarão aos educandos com necessidades especiais:

I — currículos, métodos, técnicas, recursos educativos e organização específicos, para atender às suas necessidades;

II — terminalidade específica para aqueles que não puderem atingir o nível exigido para a conclusão do ensino fundamental, em virtude de suas deficiências, e aceleração para concluir em menor tempo o programa escolar para os superdotados;

III — professores com especialização adequada em nível médio ou superior, para atendimento especializado, bem como professores do ensino regular capacitados para a integração desses educandos nas classes comuns;

IV — educação especial para o trabalho, visando a sua efetiva integração na vida em sociedade, inclusive condições adequadas para os que não revelarem capacidade de inserção no trabalho competitivo, mediante articulação com os órgãos oficiais afins, bem como para aqueles que apresentam uma habilidade superior nas áreas artística, intelectual ou psicomotora;

V — acesso igualitário aos benefícios dos programas sociais suplementares disponíveis para o respectivo nível do ensino regular.

Art. 60. Os órgãos normativos dos sistemas de ensino estabelecerão critérios de caracterização das instituições privadas sem fins lucrativos, especializadas e com atuação exclusiva em educação especial, para fins de apoio técnico e financeiro pelo Poder Público.

Parágrafo único. O Poder Público adotará, como alternativa preferencial, a ampliação do atendimento aos educandos com necessidades especiais na própria rede pública regular de ensino, independentemente do apoio às instituições previstas neste artigo.

TÍTULO VI
Dos Profissionais da Educação*

Art. 61. A formação de profissionais da educação, de modo a atender aos objetivos dos diferentes níveis e modalidades de ensino e as características de cada fase do desenvolvimento do educando, terá como fundamentos:

I — a associação entre teorias e práticas, inclusive mediante a capacitação em serviço;

II — aproveitamento da formação e experiências anteriores em instituições de ensino e outras atividades.

Art. 61. Consideram-se profissionais da educação escolar básica os que, nela estando em efetivo exercício e tendo sido formados em cursos reconhecidos, são:

I — professores habilitados em nível médio ou superior para a docência na educação infantil e nos ensinos fundamental e médio;

II — trabalhadores em educação portadores de diploma de pedagogia, com habilitação em administração, planejamento, supervisão, inspeção e orientação educacional, bem como com títulos de mestrado ou doutorado nas mesmas áreas;

III — trabalhadores em educação, portadores de diploma de curso técnico ou superior em área pedagógica ou afim.

Parágrafo único. A formação dos profissionais da educação, de modo a atender às especificidades do exercício de suas atividades, bem como aos objetivos das diferentes etapas e modalidades da educação básica, terá como fundamentos:

* Regulamentado parcialmente pelo Decreto n. 3.276, de 6/12/99, posteriormente alterado pelo Decreto n. 3.554, de 7/8/00.

I — a presença de sólida formação básica, que propicie o conhecimento dos fundamentos científicos e sociais de suas competências de trabalho;

II — a associação entre teorias e práticas, mediante estágios supervisionados e capacitação em serviço;

III — o aproveitamento da formação e experiências anteriores, em instituições de ensino e em outras atividades. (Alterado pela Lei n. 12.014, de 6/8/09)

Art. 62. A formação de docentes para atuar na educação básica far-se-á em nível superior, em curso de licenciatura, de graduação plena, em universidades e institutos superiores de educação, admitida, como formação mínima para o exercício do magistério na educação infantil e nas quatro primeiras séries do ensino fundamental, a oferecida em nível médio, na modalidade Normal.

§ 1° A União, o Distrito Federal, os Estados e os Municípios, em regime de colaboração, deverão promover a formação inicial, a continuada e a capacitação dos profissionais de magistério.

§ 2° A formação continuada e a capacitação dos profissionais de magistério poderão utilizar recursos e tecnologias de educação a distância.

§ 3° A formação inicial de profissionais de magistério dará preferência ao ensino presencial, subsidiariamente fazendo uso de recursos e tecnologias de educação a distância. (Acrescentados pela Lei n. 12.056, de 13/10/09)

Art. 63. Os institutos superiores de educação manterão:

I — cursos formadores de profissionais para a educação básica, inclusive o curso normal superior, destinado à formação de docentes para a educação infantil e para as primeiras séries do ensino fundamental;

II — programas de formação pedagógica para portadores de diplomas de educação superior que queiram se dedicar à educação básica;

III — programas de educação continuada para os profissionais de educação dos diversos níveis.

Art. 64. A formação de profissionais de educação para administração, planejamento, inspeção, supervisão e orientação educacional para a educação básica, será feita em cursos de graduação em pedagogia ou em nível de pós-graduação, a critério da instituição de ensino, garantida, nesta formação, a base comum nacional.

Art. 65. A formação docente, exceto para a educação superior, incluirá prática de ensino de, no mínimo, trezentas horas.

Art. 66. A preparação para o exercício do magistério superior far-se-á em nível de pós-graduação, prioritariamente em programas de mestrado e doutorado.

Parágrafo único. O notório saber, reconhecido por universidade com curso de doutorado em área afim, poderá suprir a exigência de título acadêmico.

Art. 67. Os sistemas de ensino promoverão a valorização dos profissionais da educação, assegurando-lhes, inclusive nos termos dos estatutos e dos planos de carreira do magistério público:

I — ingresso exclusivamente por concurso público de provas e títulos;

II — aperfeiçoamento profissional continuado, inclusive com licenciamento periódico remunerado para esse fim;

III — piso salarial profissional;

IV — progressão funcional baseada na titulação ou habilitação, e na avaliação do desempenho;

V — período reservado a estudos, planejamento e avaliação, incluído na carga de trabalho;

VI — condições adequadas de trabalho.

Parágrafo único. A experiência docente é pré-requisito para o exercício profissional de quaisquer outras funções de magistério nos termos das normas de cada sistema de ensino.

§ 1° A experiência docente é pré-requisito para o exercício profissional de quaisquer outras funções de magistério, nos termos das normas de cada sistema de ensino. (Renumerado pela Lei n. 11.301, de 10/5/06)

§ 2° Para os efeitos do disposto no § 5° do art. 40 e no § 8° do art. 201 da Constituição Federal, são consideradas funções de magistério as exercidas por professores e especialistas em educação no desempenho de atividades educativas, quando exercidas em estabelecimento de educação básica em seus diversos níveis e modalidades, incluídas, além do exercício da docência, as de direção de unidade escolar e as de coordenação e assessoramento pedagógico. (Acrescentado pela Lei n. 11.301, de 10/5/06)

TÍTULO VII
Dos Recursos Financeiros

Art. 68. Serão recursos públicos destinados à educação os originários de:

I — receita de impostos próprios da União, dos Estados, do Distrito Federal e dos Municípios;

II — receita de transferências constitucionais e outras transferências;

III — receita do salário-educação e de outras contribuições sociais;

IV — receita de incentivos fiscais;

V — outros recursos previstos em lei.

Art. 69. A União aplicará, anualmente, nunca menos de dezoito, e os Estados, o Distrito Federal e os Municípios, vinte e cinco por cento, ou o que consta nas respectivas Constituições ou Leis Orgânicas, da receita resultante de impostos, compreendidas as transferências constitucionais, na manutenção e desenvolvimento do ensino público.

§ 1º A parcela da arrecadação de impostos transferida pela União aos Estados, ao Distrito Federal e aos Municípios, ou pelos Estados aos respectivos Municípios, não será considerada, para efeito do cálculo previsto neste artigo, receita do governo que a transferir.

§ 2º Serão consideradas excluídas das receitas de impostos mencionadas neste artigo as operações de crédito por antecipação de receita orçamentária de impostos.

§ 3º Para fixação inicial dos valores correspondentes aos mínimos estatuídos neste artigo, será considerada a receita estimada na lei do orçamento anual, ajustada, quando for o caso, por lei que autorizar a abertura de créditos adicionais, com base no eventual excesso de arrecadação.

§ 4º As diferenças entre a receita e a despesa previstas e as efetivamente realizadas, que resultem no não atendimento dos percentuais mínimos obrigatórios, serão apuradas e corrigidas a cada trimestre do exercício financeiro.

§ 5º O repasse dos valores referidos neste artigo do caixa da União, dos Estados, do Distrito Federal e dos Municípios ocorrerá imediatamente ao órgão responsável pela educação, observados os seguintes prazos:

I — recursos arrecadados do primeiro ao décimo dia de cada mês, até o vigésimo dia;

II — recursos arrecadados do décimo primeiro ao vigésimo dia de cada mês, até o trigésimo dia;

III — recursos arrecadados do vigésimo primeiro dia ao final de cada mês, até o décimo dia do mês subsequente.

§ 6º O atraso da liberação sujeitará os recursos à correção monetária e à responsabilização civil e criminal das autoridades competentes.

Art. 70. Considerar-se-ão como de manutenção e desenvolvimento do ensino as despesas realizadas com vistas à consecução dos objetivos básicos das instituições educacionais de todos os níveis, compreendendo as que se destinam a:

I — remuneração e aperfeiçoamento do pessoal docente e demais profissionais da educação;

II — aquisição, manutenção, construção e conservação de instalações e equipamentos necessários ao ensino;

III — uso e manutenção de bens e serviços vinculados ao ensino;

IV — levantamentos estatísticos, estudos e pesquisas visando precipuamente ao aprimoramento da qualidade e à expansão do ensino;

V — realização de atividades-meio necessárias ao funcionamento dos sistemas de ensino;

VI — concessão de bolsas de estudo a alunos de escolas públicas e privadas,

VII — amortização e custeio de operações de crédito destinadas a atender ao disposto nos incisos deste artigo;

VIII — aquisição de material didático-escolar e manutenção de programas de transporte escolar.

Art. 71. Não constituirão despesas de manutenção e desenvolvimento do ensino aquelas realizadas com:

I — pesquisa, quando não vinculada às instituições de ensino, ou, quando efetivada fora dos sistemas de ensino, que não vise, precipuamente, ao aprimoramento de sua qualidade ou à sua expansão;

II — subvenção a instituições públicas ou privadas de caráter assistencial, desportivo ou cultural;

III — formação de quadros especiais para a administração pública, sejam militares ou civis, inclusive diplomáticos;

IV — programas suplementares de alimentação, assistência médico-odontológica, farmacêutica e psicológica, e outras formas de assistência social;

V — obras de infra-estrutura, ainda que realizadas para beneficiar direta ou indiretamente a rede escolar;

VI — pessoal docente e demais trabalhadores da educação, quando em desvio de função ou em atividade alheia à manutenção e desenvolvimento do ensino.

Art. 72. As receitas e despesas com manutenção e desenvolvimento do ensino serão apuradas e publicadas nos balanços do Poder Público, assim como nos relatórios a que se refere o § 3º do art. 165 da Constituição Federal.

Art. 73. Os órgãos fiscalizadores examinarão, prioritariamente, na prestação de contas de recursos públicos, o cumprimento do disposto no art. 212 da Constituição Federal, no art. 60 do Ato das Disposições Constitucionais Transitórias e na legislação concernente.

Art. 74. A União, em colaboração com os Estados, o Distrito Federal e os Municípios, estabelecerá padrão mínimo de oportunidades educacionais para o ensino fundamental baseado no cálculo do custo mínimo por aluno, capaz de assegurar ensino de qualidade.

Parágrafo único. O custo mínimo de que trata este artigo será calculado pela União ao final de cada ano, com validade para o ano subsequente, considerando variações regionais no custo dos insumos e as diversas modalidades de ensino.

Art. 75. A ação supletiva e redistributiva da União e dos Estados será exercida de modo a corrigir, progressivamente, as disparidades de acesso e garantir o padrão mínimo de qualidade de ensino.

§ 1º A ação a que se refere este artigo obedecerá à fórmula de domínio público que inclua a capacidade de atendimento e a medida do esforço fiscal do respectivo Estado, do Distrito

Federal ou do Município em favor da manutenção e do desenvolvimento do ensino.

§ 2º A capacidade de atendimento de cada governo será definida pela razão entre os recursos de uso constitucionalmente obrigatório na manutenção e desenvolvimento do ensino e o custo anual do aluno, relativo ao padrão mínimo de qualidade.

§ 3º Com base nos critérios estabelecidos nos §§ 1º e 2º, a União poderá fazer a transferência direta de recursos a cada estabelecimento de ensino, considerado o número de alunos que efetivamente frequentam a escola.

§ 4º A ação supletiva e redistributiva não poderá ser exercida em favor do Distrito Federal, dos Estados e dos Municípios se estes oferecerem vagas, na área de ensino de sua responsabilidade, conforme o inciso VI do art. 10 e o inciso V do art. 11 desta Lei, em número inferior à sua capacidade de atendimento.

Art. 76. A ação supletiva e redistributiva prevista no artigo anterior ficará condicionada ao efetivo cumprimento, pelos Estados, Distrito Federal e Municípios, do disposto nesta Lei, sem prejuízo de outras prescrições legais.

Art. 77. Os recursos públicos serão destinados às escolas públicas, podendo ser dirigidos a escolas comunitárias, confessionais ou filantrópicas que:

I — comprovem finalidade não lucrativa e não distribuam resultados, dividendos, bonificações, participações ou parcela de seu patrimônio sob nenhuma forma ou pretexto;

II — apliquem seus excedentes financeiros em educação;

III — assegurem a destinação de seu patrimônio a outra escola comunitária, filantrópica ou confessional, ou ao Poder Público, no caso de encerramento de suas atividades;

IV — prestem contas ao Poder Público dos recursos recebidos.

§ 1º Os recursos de que trata este artigo poderão ser destinados a bolsas de estudo para a educação básica, na forma da lei, para os que demonstrarem insuficiência de recursos, quando houver falta de vagas e cursos regulares da rede pública de domicílio do educando, ficando o Poder Público obrigado a investir prioritariamente na expansão da sua rede local.

§ 2º As atividades universitárias de pesquisa e extensão poderão receber apoio financeiro do Poder Público, inclusive mediante bolsas de estudo.

TÍTULO VIII
Das Disposições Gerais

Art. 78. O Sistema de Ensino da União, com a colaboração das agências federais de fomento à cultura e de assistência aos índios, desenvolverá programas integrados de ensino e pesquisa, para oferta de educação escolar bilíngue e intercultural aos povos indígenas, com os seguintes objetivos:

I — proporcionar aos índios, suas comunidades e povos, a recuperação de suas memórias históricas, a reafirmação de suas identidades étnicas, a valorização de suas línguas e ciências;

II — garantir aos índios, suas comunidades e povos, o acesso às informações, conhecimentos técnicos e científicos da sociedade nacional e demais sociedades indígenas e não índias.

Art. 79. A União apoiará técnica e financeiramente os sistemas de ensino no provimento da educação intercultural às comunidades indígenas, desenvolvendo programas integrados de ensino e pesquisa.

§ 1º Os programas serão planejados com audiência das comunidades indígenas.

§ 2º Os programas a que se refere este artigo, incluídos nos Planos Nacionais de Educação, terão os seguintes objetivos:

I — fortalecer as práticas sócio-culturais e a língua materna de cada comunidade indígena;

II — manter programas de formação de pessoal especializado, destinado à educação escolar nas comunidades indígenas;

III — desenvolver currículos e programas específicos, neles incluindo os conteúdos culturais correspondentes às respectivas comunidades;

IV — elaborar e publicar sistematicamente material didático específico e diferenciado.

Art. 79-B. O calendário escolar incluirá o dia 20 de novembro como "Dia Nacional da Consciência Negra". (Acrescentado pela Lei n. 10.639, de 9/1/03)

Art. 80. O Poder Público incentivará o desenvolvimento e a veiculação de programas de ensino a distância, em todos os níveis e modalidades de ensino, e de educação continuada.*

§ 1º A educação a distância, organizada com abertura e regime especiais, será oferecida por instituições especificamente credenciadas pela União.

§ 2º A União regulamentará os requisitos para a realização de exames e registro de diploma relativos a cursos de educação a distância.

§ 3º As normas para produção, controle e avaliação de programas de educação a distância e a autorização para sua implementação, caberão aos respectivos sistemas de ensino, podendo haver cooperação e integração entre os diferentes sistemas.

§ 4º A educação a distância gozará de tratamento diferenciado, que incluirá:

I — custos de transmissão reduzidos em canais comerciais de radiodifusão sonora e de sons e imagens;

---

* Regulamentado inicialmente pelos Decretos ns. 2.494, de 10/2/98, e 2.561, de 27/4/98, revogados pelo Decreto n. 5.622, de 19/12/05, que estabeleceu nova regulamentação, alterada e acrescentada pelo Decreto n. 6.303, de 12/12/07.

II — concessão de canais com finalidades exclusivamente educativas;

III — reserva de tempo mínimo, sem ônus para o Poder Público, pelos concessionários de canais comerciais.

Art. 81. É permitida a organização de cursos ou instituições de ensino experimentais, desde que obedecidas as disposições desta Lei.

Art. 82. Os sistemas de ensino estabelecerão as normas para realização dos estágios dos alunos regularmente matriculados no ensino médio ou superior em sua jurisdição.

Parágrafo único. O estágio realizado nas condições deste artigo não estabelece vínculo empregatício, podendo o estagiário receber bolsa de estágio, estar segurado contra acidentes e ter a cobertura previdenciária prevista na legislação específica.

Art. 83. O ensino militar é regulado em lei específica, admitida a equivalência de estudos, de acordo com as normas fixadas pelos sistemas de ensino.

Art. 84. Os discentes da educação superior poderão ser aproveitados em tarefas de ensino e pesquisa pelas respectivas instituições, exercendo funções de monitoria, de acordo com seu rendimento e seu plano de estudos.

Art. 85. Qualquer cidadão habilitado com a titulação própria poderá exigir a abertura de concurso público de provas e títulos para cargo de docente de instituição pública de ensino que estiver sendo ocupado por professor não concursado, por mais de seis anos, ressalvados os direitos assegurados pelos arts. 41 da Constituição Federal e 19 do Ato das Disposições Constitucionais Transitórias.

Art. 86. As instituições de educação superior constituídas como universidades integrar-se-ão, também, na sua condição de instituições de pesquisa, ao Sistema Nacional de Ciência e Tecnologia, nos termos da legislação específica.

TÍTULO IX
Das Disposições Transitórias

Art. 87. É instituída a Década da Educação, a iniciar-se um ano a partir da publicação desta Lei.

§ 1º A União, no prazo de um ano a partir da publicação desta Lei, encaminhará, ao Congresso Nacional, o Plano Nacional de Educação, com diretrizes e metas para os dez anos seguintes, em sintonia com a Declaração Mundial sobre Educação para Todos.

§ 2º O Poder Público deverá recensear os educandos no ensino fundamental, com especial atenção para os grupos de sete a quatorze e de quinze a dezesseis anos de idade.

> **§ 2º O Poder Público deverá recensear os educandos no ensino fundamental, com especial atenção para o grupo de 6 (seis) a 14 (quatorze) anos de idade e de 15 (quinze) a 16 (dezesseis) anos de idade.** (Alterado pela Lei n. 11.274, de 6/2/06)

§ 3º Cada Município e, supletivamente, o Estado e a União, deverá:

> **§ 3º O Distrito Federal, cada Estado e Município, e, supletivamente, a União, devem:** (Alterado pela Lei n. 11.330, de 25/7/06)

I — matricular todos os educandos a partir dos sete anos de idade e, facultativamente, a partir dos seis anos, no ensino fundamental;

> **I — matricular todos os educandos a partir dos seis anos de idade, no ensino fundamental, atendidas as seguintes condições no âmbito de cada sistema de ensino**: (Alterado pela Lei n. 11.114, de 16/5/05)

I — matricular todos os educandos a partir dos 6 (seis) anos de idade no ensino fundamental; (alterado pela Lei n. 11.274, de 6/2/06)

a) plena observância das condições de oferta fixadas por esta Lei, no caso de todas as redes escolares;

b) atingimento de taxa líquida de escolarização de pelo menos 95% (noventa e cinco por cento) da faixa etária de sete a catorze anos, no caso das redes escolares públicas; e

c) não redução média de recursos por aluno do ensino fundamental na respectiva rede pública, resultante da incorporação dos alunos de seis anos de idade; (Os itens a), b) e c) foram incluídos pela Lei n. 11.114, de 16/5/05, e revogados pela Lei n. 11.274, de 6/2/06)

II — prover cursos presenciais ou a distância aos jovens e adultos insuficientemente escolarizados;

III — realizar programas de capacitação para todos os professores em exercício, utilizando também, para isto, os recursos da educação a distância;

IV — integrar todos os estabelecimentos de ensino fundamental do seu território ao sistema nacional de avaliação do rendimento escolar.

§ 4º Até o fim da Década da Educação somente serão admitidos professores habilitados em nível superior ou formados por treinamento em serviço.

§ 5º Serão conjugados todos os esforços objetivando a progressão das redes escolares públicas urbanas de ensino fundamental para o regime de escolas de tempo integral.

§ 6º A assistência financeira da União aos Estados, ao Distrito Federal e aos Municípios, bem como a dos Estados aos seus Municípios, ficam condicionadas ao cumprimento do art. 212

da Constituição Federal e dispositivos legais pertinentes pelos governos beneficiados.

Art. 88. A União, os Estados, o Distrito Federal e os Municípios adaptarão sua legislação educacional e de ensino às disposições desta Lei no prazo máximo de um ano, a partir da data de sua publicação.

§ 1º As instituições educacionais adaptarão seus estatutos e regimentos aos dispositivos desta Lei e às normas dos respectivos sistemas de ensino, nos prazos por estes estabelecidos.

§ 2º O prazo para que as universidades cumpram o disposto nos incisos II e III do art. 52 é de oito anos.

Art. 89. As creches e pré-escolas existentes ou que venham a ser criadas deverão, no prazo de três anos, a contar da publicação desta Lei, integrar-se ao respectivo sistema de ensino.

Art. 90. As questões suscitadas na transição entre o regime anterior e o que se institui nesta Lei serão resolvidas pelo Conselho Nacional de Educação ou, mediante delegação deste, pelos órgãos normativos dos sistemas de ensino, preservada a autonomia universitária.

Art. 91. Esta Lei entra em vigor na data de sua publicação.

Art. 92. Revogam-se as disposições das Leis ns. 4.024, de 20 de dezembro de 1961, e 5.540, de 28 de novembro de 1968, não alteradas pelas Leis ns. 9.131, de 24 de novembro de 1995, e 9.192, de 21 de dezembro de 1995 e, ainda, as Leis ns. 5.692, de 11 de agosto de 1971, e 7.044, de 18 de outubro de 1982, e as demais leis e decretos-lei que as modificaram e quaisquer outras disposições em contrário.

Referências bibliográficas

BRASIL. Lei n. 4.024, de 20/12/1961. Partes vetadas pelo presidente da República e mantidas pelo Congresso Nacional do Projeto que se transformou na Lei n. 4.024 (que fixa as Diretrizes e Bases da Educação Nacional). São Paulo: *Lex*, XXVI, t. II, jul./dez. 1962.

BRASIL. Lei n. 4.024, de 20/12/1961. Íntegra da lei, incluindo partes vetadas pelo presidente da República e mantidas pelo Congresso Nacional. Promulgada em 14/12/1962. *Documenta*, Rio de Janeiro, n. 12, mar. 1963.

______. MEC. Inep. Prolei (Programa de Legislação Integrada), disponível na página do Inep na internet. Disponível em: <http://www.inep.gov.br>.

______. Presidência da República. Disponível em: <http://www.planalto.gov.br>.

______. Leis. *Breviário de legislação federal da educação e cultura*. Introdução, seleção e notas de Paulo Vieira da Silva. Brasília: Câmara dos Deputados, 1978.

______. Senado Federal. Subsecretaria de Informações. *Levantamento de Medidas Provisórias*. 11. ed. Dados atualizados até 20/9/00. Brasília, 2000.

______. *Constituição Federal do Brasil*. Brasília: Senado Federal, 2010. Disponível em: <www.senado.gov.br>. Acesso em: mar. 2010.

______. Senado Federal. *Constituições do Brasil*: de 1824, 1891, 1934, 1937, 1946 e 1967 e suas alterações. Brasília: Senado Federal, Subsecretaria de Edições Técnicas, 1986a. v. I.

______. Senado Federal. *Constituições do Brasil*: de 1824, 1891, 1934, 1937, 1946 e 1967 e suas alterações. (Índice). Brasília: Senado Federal, Subsecretaria de Edições Técnicas, 1986b. v. II.

BRASIL. Senado Federal. *500 anos de legislação brasileira*. 3 CD-ROMs. Brasília, 2000.

CARNEIRO, Moaci Alves. *LDB fácil*. Leitura crítico-compreensiva artigo a artigo. 11. ed., rev. e atual. Petrópolis: Vozes, 2004.

CASTRO, Maria Helena Guimarães de. Apresentação. In: BRASIL. MEC. Inep. *Sinopse estatística da educação básica*: Censo escolar 2001. Brasília, 2002.

CURY, Carlos Roberto Jamil. *Legislação educacional brasileira*. Rio de Janeiro: DP&A, 2000.

DAVIES, Nicholas. *Os Tribunais de Contas e a educação*: quem controla o fiscalizador dos recursos? Brasília: Plano, 2001.

DUARTE, Sérgio Guerra. *Educação brasileira. Legislação e jurisprudência do pré-escolar à pós-graduação*. Rio de Janeiro: Antares, 1984.

DUTRA, Claudio E. G. *Guia de referência da LDB/96*. São Paulo: Avercamp Editora, 2003

FÁVERO, Osmar (org.). *A educação nas Constituintes brasileiras. 1823-1988*. 2. ed. rev. e ampl. Campinas: Autores Associados, 2001.

JARDIM, Ilza Rodrigues et al. *Ensino de 1º e 2º graus. Estrutura e funcionamento*. 4. ed. rev., atual. e ampl. Porto Alegre: Sagra, 1985.

MONLEVADE, João. *Educação pública no Brasil*: contos & descontos. Ceilândia-DF: Ideia, 1997.

MOTTA, Elias de Oliveira. *Direito educacional e educação no século XXI*. Brasília: Unesco, 1997.

NISKIER, Arnaldo. *LDB — a nova lei da educação*. 3. ed. Rio de Janeiro: Consultor, 1997.

OLIVEIRA, Cleiton; TEIXEIRA, Lúcia Helena. Municipalização e gestão municipal da educação. In: ANPAE. *Política e gestão da educação (1991-1997)*. Brasília: MEC/Inep/Comped, 2001.

OLIVEIRA, Romualdo Portela de. O financiamento da educação. In: OLIVEIRA, Romualdo Portela de; ADRIÃO, Theresa (orgs.). *Gestão, financiamento e direito à educação*. Análise da Constituição Federal e da LDB. 3. ed. rev. e ampl. São Paulo: Xamã, 2007.

SAVIANI, Dermeval. *A nova lei da educação*. LDB, trajetória, limites e perspectivas. 7. ed. rev. e ampl. Campinas: Autores Associados, 2001.

SAVIANI, Dermeval. *Da nova LDB ao novo Plano Nacional de Educação*: por uma outra política educacional. 3. ed. rev. Campinas: Autores Associados, 2000.

______. *Política e educação no Brasil. O papel do Congresso Nacional na legislação do ensino*. São Paulo: Cortez/Autores Associados, 1987.

SEMEGHINI, Ulysses Cidade. *Fundef*: uma revolução silenciosa. Brasília, 2001. Disponível em: <www.mec.gov.br>. Acesso em: 2001.

SÉRIO, Amarilis Simões Serra et al. *Legislação complementar e notas remissivas*. Lei de Diretrizes e Bases da Educação Nacional. São Paulo: EPU, 2001.

SUCUPIRA, Newton. O Ato Adicional de 1834 e a descentralização. In: FÁVERO, Osmar (org.). *A educação nas constituintes brasileiras. 1823-1988*. 2. ed. rev. e ampl. Campinas: Autores Associados, 2001.

UNDIME. *Financiamento e orçamento da educação para educadores* — um começo de conversa. Brasília, 1997.

VIEIRA, Sofia Lerche (compilação). *Leis de reforma da educação no Brasil*: Império e República. Inventário de legislação. Brasília: Inep, 2008.

PARMA
Impressão e acabamento
Editora Parma LTDA
Tel.:(011) 2462-4000
Av.Antonio Bardella, nº280,Guarulhos,São Paulo-Brasil